U0571493

融合视讯放心课系列教材

量能异动擒大牛

王 者 ◎著

从书中学习到泛脑科学应用于股票决策的前沿研究

STOCK TERNDS
LIANGNENGYIDONGQINDANIU

经济管理出版社
ECONOMY & MANAGEMENT PUBLISHING HOUSE

图书在版编目（CIP）数据

量能异动擒大牛/王者著．—北京：经济管理出版社，2020.1
ISBN 978 - 7 - 5096 - 7033 - 0

Ⅰ.①量…　Ⅱ.①王…　Ⅲ.①股票投资—基本知识　Ⅳ.①F830.91

中国版本图书馆 CIP 数据核字（2020）第 021956 号

组稿编辑：杨国强
责任编辑：杨国强　张瑞军
责任印制：黄章平
责任校对：张晓燕

出版发行：经济管理出版社
　　　　　（北京市海淀区北蜂窝 8 号中雅大厦 A 座 11 层　100038）
网　　址：www. E - mp. com. cn
电　　话：（010）51915602
印　　刷：三河市延风印装有限公司
经　　销：新华书店
开　　本：720mm×1000mm/16
印　　张：9.75
字　　数：188 千字
版　　次：2020 年 5 月第 1 版　　2020 年 5 月第 1 次印刷
书　　号：ISBN 978 - 7 - 5096 - 7033 - 0
定　　价：48.00 元

·版权所有　翻印必究·

凡购本社图书，如有印装错误，由本社读者服务部负责调换。
联系地址：北京阜外月坛北小街 2 号
电话：（010）68022974　　邮编：100836

目　录

第一章　两个神奇的案例

第一节　精准抓住大盘的启动点和最高点

2019 年春节前夕，A 股市场处于一片凄风冷雨中。在股市中，个股业绩暴雷不断，暴雷个股连续大跌，带动股市中的许多个股都处于连续下跌状态。上证指数则在创出 2440 的最低点后，反弹到 2600 点附近徘徊不前，大家对 2019 年的股市毫无信心，处于悲观中。但王者老师，在融合视讯的平台公开课上，坚定明确地预判，调整结束，节后即将突破，第一目标 3018 点。并且，在之后，以公开课或公众号的方式，公开评论每日行情，精准地把握了这一轮牛市起点的最丰厚的阶段，直到 3129.94 点的阶段性顶部后逃顶。而这其中，运用的就是量能异动的技术。我们来看一下，如何利用量能异动精准把握行情。大家在学习了本书的量能异动技术后，可以再倒回来看如何利用一下，学会如何综合运用量能异动技术。

（1）2019 年 2 月 5 日，此时 K 线处于盘整期。但我们发现，2019 年 1 月 28 日创出短期高点后，回调已第 4 天，根据回调"三五"原则，有可能结束调整。同时，1 月 30 日已出现一根低量柱，该低量柱的成交量低于之前 1 月 23 日的成交量，之后阳 K 线上涨，说明回调已经基本结束。所以，我们判断节后将突破创出新高。

（2）节后第一个交易日，2019 年 2 月 11 日，大盘突破创出新高，上涨 1.36 个百分点，许多人对突如其来的上涨不知如何处理，我们判断：该 K 线成交量放大，价格上涨，属于量价协调，应该持有。

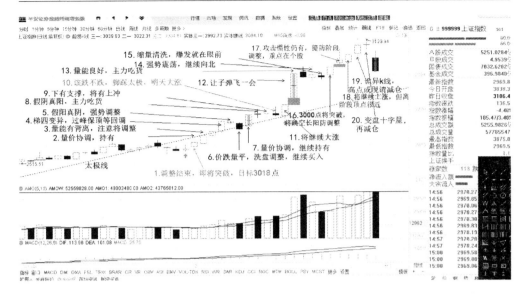

图1-1　大盘的启动点和最高点

（3）2019年2月12日，大盘果然继续上涨0.68个百分点，成交量继续放大，我们判断：由于涨幅低于昨日涨幅，此时量能开始出现背离，按照梯量柱盯三防四的原则，应该注意，后面梯四后将会出现调整。

（4）2019年2月13日，大盘突破前期盘整区，放量上涨1.84个百分点。在大家或犹豫或追涨时，我们判断：已经出现梯四，梯四变异，同时刚刚突破盘区，将会回调保顶，不必追涨，应当要等回调。

（5）2019年2月14日，大盘果然开始回调，下跌0.05个百分点，许多人怀疑行情刚一突破就不延续了，我们判断：这是假阳真阴，强势调整。

（6）2019年2月15日，大盘大跌杀出大阴，许多人落荒而逃，我们判断：价跌量平，大阴看起来很可怕，实际只是洗盘调整，应该继续买入。

（7）2019年2月18日，大盘果然大涨2.68个百分点，我们判断：量价协调，继续持有。

（8）2019年2月19日，大盘收出十字星，放出近一年以来的大阴量，看似非常吓人，我们判断：假阴真阳，主力吃货。

（9）2019年2月20日，大盘收出一根小阳线，我们判断：下有支撑，将有冲高。

（10）2019 年 2 月 21 日，大盘做了冲高回落，再次放出大阴量，形态上也非常难看，收出了倒锤线，市场中绝大多数人都认为已经阶段性到顶，我们坚定判断：该跌不跌，脚踩太极，明日上涨！

（11）2019 年 2 月 22 日，大盘果然让许多人大跌眼镜，在开盘绿盘向下下跌 0.5 个百分点后，在 10：30 后突然转身向上，一路上涨，收盘大涨 1.91 个百分点！我们判断：3000 点将突破，下周将跳空长阳防调整。

（12）2019 年 2 月 25 日，大盘果然出现跳空长阳，逼近 3000 点，大涨 5.60 个百分点！这么大的长阳，让刚刚从熊市还没回过味来的散户们心慌不已，我们提出：大盘无忧，让子弹飞一会。

（13）2019 年 2 月 26 日，大盘出现再次创出新高量的阴线，市场再次惶恐，我们判断：量能良好，是主力吃货。

（14）2019 年 2 月 27 日，大盘收出一根长上影线的阳线，我们判断：强势调整将继续向北。

（15）2019 年 2 月 28 日，大盘下跌出阴线，我们判断：缩量清洗爆发就在眼前。

（16）2019 年 3 月 1 日，大盘出现一根上涨 1.8 个百分点的阳线，我们判断：3000 点将突破，跳空长阳调整。

（17）2019 年 3 月 4 日，大盘果然跳空高开出现长上影线，市场人气开始火热，我们判断：攻击惯性仍有，提防阶段调整，重点在个股。

（18）2019 年 3 月 5 日，大盘出现上涨的小阳线，我们判断：将继续上涨，但离阶段性的顶点很近。

（19）2019 年 3 月 6 日，大盘继续上涨，大家一片看好，但是我们判断：诡异 K 线，高点或现请减仓！

（20）2019 年 3 月 7 日，大盘收出 3129.94 点，大家仍然看好，我们判断：变盘十字星，请再次减仓。3 月 8 日，大盘果然突然暴跌，进入了阶段性的调整状态。而我们在这一轮行情中，成功地逃在了最高点。

回看这轮行情，从一开始无人相信会上涨，我们提出将会有行情；到 2 月 21 日市场认为是顶，我们提出明天会上涨；到 3 月 6 日、7 日大家一片看涨，我们提出阶段高点出现。这些关键点的判断被市场一一验证，在指数跌的时候看出要涨，在指数涨的时候看出要跌，这就是量能异动技术的厉害之处！

第二节 十倍牛股，你也可以

东方通信在2019年的行情中大放异彩。从最低3.92元涨到17.96元，经过一轮回调之后，最终再次上涨，上涨到41.88元。像这样一直在市场里面大放异彩，连续上涨的妖股，往往会吸引市场眼球的注意力，很多人想介入，如果买入正确，会获利丰厚。但大多数人又不知道介入的合适位置在哪里，情绪化的追涨杀跌，有时候一买进去就碰到连续的杀跌，损失惨重。如果找到有效的买卖方法，你就能够买在合理的点位，享受连续上涨的乐趣。

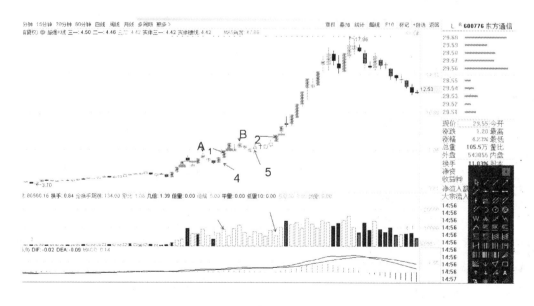

图1-2 东方通信（一）

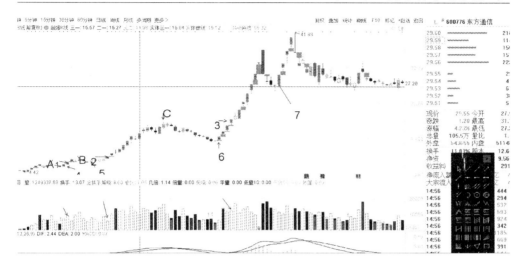

图 1−3 东方通信（二）

其实并非没有办法，我们来看一下。不需要去研究这个股票的基本面，应研究它的主业是什么，它的基本面是什么，它的利润有多少，只需要用量能异动的高量柱的左右互搏和低量柱的三花聚顶，就能够帮你实现有效地抓住买点，买入后能够继续上涨。

（1）2018 年 12 月 10 日。这个 K 线实现了高量柱的左右互搏。

（2）12 月 4 日的 K 线量减少，但价格是有效的，收盘超过了最高点，这是第一个买点。

（3）2018 年 12 月 24 日。当日的 K 线，突破高点，实现了缩量上涨，与 2018 年 12 月 13 日的 K 线实现了左右互搏，这是第二个买点。

（4）2019 年 2 月 14 日。K 线再次突破高点，与 2019 年 1 月 15 日的 K 线实现了左右互搏，这是第三个买点。

上面三个买点利用的都是高量柱的左右互搏方法，那么我们再看一下逢低买入的方法。

（5）2018 年 12 月 7 日。K 线实现了低量柱的三花聚底，出现有效的回调低位买入点。

（6）2018 年 12 月 15 日。K 线再次出现三花聚底，是第二个有效的回调低位买入点。

（7）2019年2月11日。K线在连续的大幅度回调后，在底部又出现了三花聚底，可以成功地买在最低位，之后连续上涨，从13.75元涨到最高37.07元，涨幅接近3倍！

（8）2019年3月4日，再次出现了三花聚底的组合，在此位置可以再次买入，仍然能获得接近40%的涨幅！

以上，我们用左右互搏实现了突破新高的买入，用三花聚底实现了低位调整后低点的买入，买入后都能够实现大概率的有效的连续上涨，而不会追涨杀跌。

第二章　量能异动秘籍

从量能的角度，我们应该挖掘成交量的变化规律，有效地进行区别，当前的最先进的量学理论把成交量分为高量柱、低量柱、平量柱、倍量柱、梯量柱和缩量柱。从股价运动规律的变化和主力操作的视角研究量能的变化，才能够真正把握成交量的本质，并且能够轻松地看透主力的目标、主力操盘的根本所在。

第一节　六大量能，说出奥秘

为了方便与相关研究理论统一，我们把成交量柱简称为量柱。

一、高量柱

高量柱就是某一阶段、某一段时间内的最高量柱，只要是这段区间内明显的、最高的量柱就是高量柱。它可能是天量柱，也可能不是天量柱。

高量柱代表了什么？每次成交量，都是买卖双方同时参与的结果，成交量的放大，在阶段区间内放到最大，代表主力在这段区间内积极的行为，这个行为可能是主动的，也可能是被动的。

高量柱是成交量的放大，说明多空双方再次争夺非常激烈。往往是两种情况。

（1）主力的积极吸筹，吃尽所有的抛出的筹码。这种吃尽，可能是好情况，也可能是有问题。如果在低位的高量，往往是主力在大力吃货吸筹。在突破的时候。主力可能会放量，收出高量柱。放量之后，如果马上继续上涨，说明主力有能力在吃进筹码之后，保持控盘的状态。同时，主力也有可能放量之后再继续放量，再继续吃进筹码，再继续推进。而在某些情况下，有可能主力只是被动吃进筹码。由于受到的抛压比较多，从而造成成交量的放大。那么在这种情况下，往往会在形态上有所表现。

（2）随着股票处于快速上涨的阶段，股票的涨幅不断地迅速推进，从原来涨幅20%变成50%，然后从单根K线涨7%到涨停或涨停之后很难快速上涨。这个时候如果放出高量柱，往往是主力在出货。这个高量很可能是最高的成交量。有可能是散户经常提到的天量，或者是次高量。在这种情况下，很可能造成顶部的出现。

低位的高量柱，如图2-1~图2-3所示。

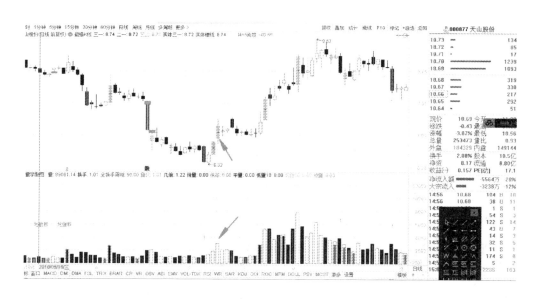

图2-1 天山股份2018年7月10日K线走势

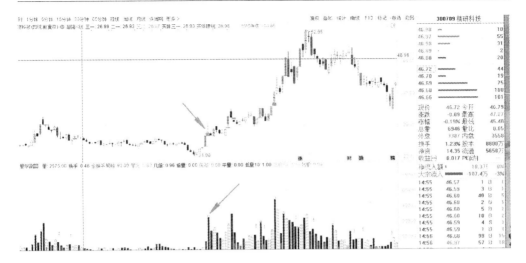

图 2-2 精研科技 2019 年 2 月 14 日 K 线走势

图 2-3 神开股份 2019 年 2 月 15 日 K 线走势

高位的高量柱，如图 2-4~图 2-6 所示。

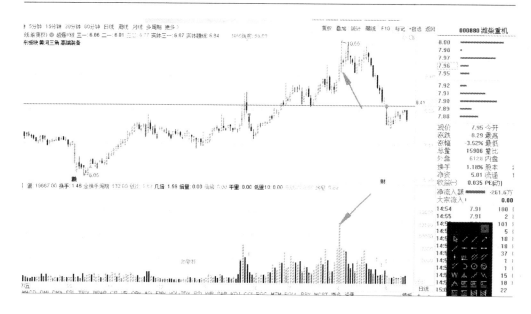

图 2-4　潍柴重机 2019 年 4 月 2 日 K 线走势

图 2-5　湖北能源 2019 年 4 月 12 日 K 线走势

图 2-6　湖北能源 2019 年 3 月 22 日 K 线走势

突破的高量柱，如图 2-7~图 2-9 所示。

图 2-7　湖北能源 2019 年 2 月 25 日 K 线走势

图2-8 海南高速2019年2月26日K线走势

图2-9 *ST东凌2018年9月18日K线走势

最高位的高量柱——天量，如图2-10~图2-12所示。

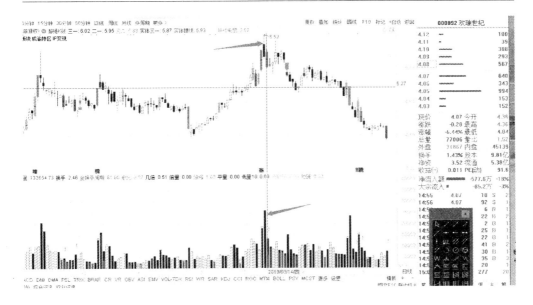

图 2 - 10　欢瑞世纪 2019 年 3 月 13 日 K 线走势

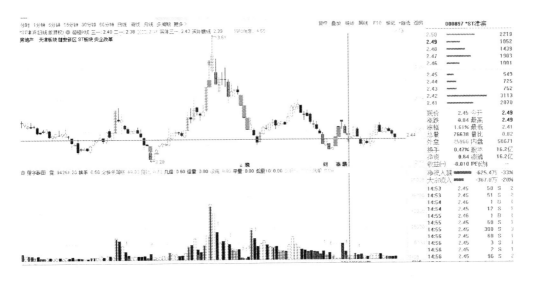

图 2 - 11　*ST 津滨 2019 年 3 月 6 日 K 线走势

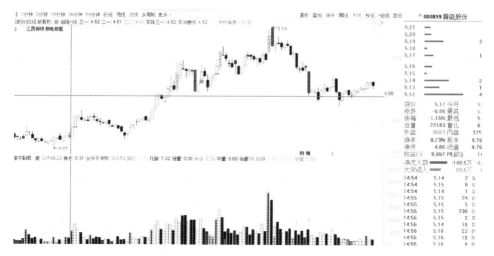

图 2－12　赣能股份 2019 年 4 月 12 日 K 线走势

二、低量柱

低量柱就是某一阶段、某一段时间内的最低量柱，只要是这段区间内明显的、最低的量柱就是低量柱。它可能是股票成交量中最低量的低量柱，也可能不是低量柱。

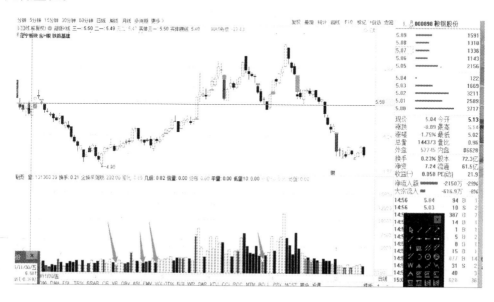

图 2－13　鞍钢股份 2019 年 1~3 月 K 线走势

图 2-14 现代投资 2018 年 11 月~2019 年 3 月 K 线走势

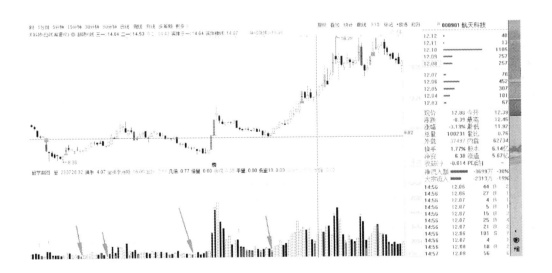

图 2-15 航天科技 2018 年 10 月~2019 年 3 月 K 线走势

低量柱有什么作用？低量柱往往是行情的阶段底部，这个行情阶段的最低位置。我们来看一下，在一轮行情上涨的过程中，如果你能够观察到低量柱，就可以发现低量柱约等于阶段底部。这样的话，我们再去看股票是不是就变得简单了，那么低量柱出现的地方，为什么经常就是阶段调整最低的地方？市场每一轮的调整，其最低点代表了什么？在市场向下调整的过程中，不断地有人卖出，或者止损、或者割肉，空方的力量在下跌过程中不断减弱，市场慢慢自发地进行调整，最终寻找到平衡点。当量能达到一定程度，卖的人在相对阶段内很少，这样就达到了市场的平衡点。在这个点位，多空双方的力量几乎接近平衡。达到平衡点之后，只要稍微用力，那么股价就会变方向发展。就像陀螺，它在旋转后开始慢速下来，左摇右晃，速度越来越慢，几乎达到接近静止的平衡；如果这个时候再给它加把力，它就又开始旋转起来了，而这就是上涨；如果这个时候受到突如其来的利空打击，那么就有可能造成下跌调整。

以深物业 A 为例，如图 2－16 所示。

图 2－16　深物业 A 2019 年 2～4 月 K 线走势

我们可以看出，在深物业 A 的一轮上涨过程中，多次出现了低量柱。每次的低量柱买进去之后，很快就会上涨，甚至直接买在最低点的位置。所以，能够识别低量柱，懂得低量柱的作用，就能够比较有效地买在低位。虽然有时候也会碰到回调，哪怕你买错了，但你止损的价格也很低。但如果你买的是追涨的位置，一旦发生调整，那么可能就会被迫止损。而低量柱，就算止损，则幅度也非常小或者根本打不到止损位。这是低量柱的一些最简单的应用。

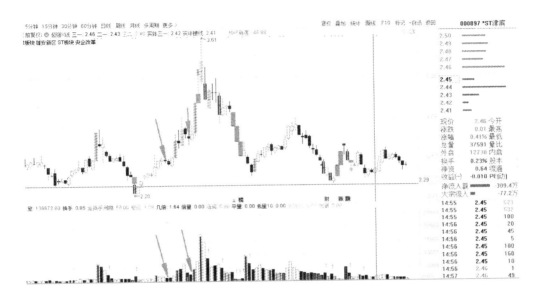

图 2 – 17　＊ST 津滨 2019 年 2 月 20 日～2019 年 3 月 1 日 K 线走势

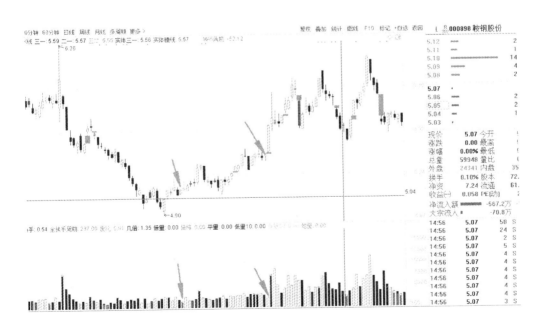

图 2 – 18　鞍钢股份 2019 年 1 月 11 日～2019 年 2 月 22 日 K 线走势

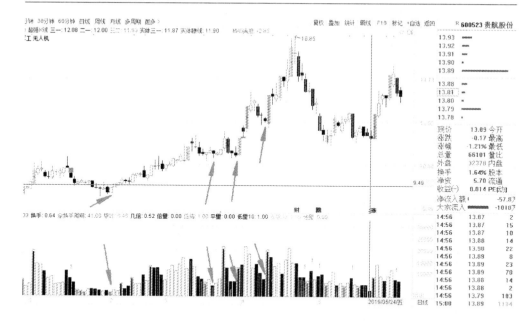

图 2-19　贵航股份 2019 年 2~4 月 K 线走势

三、平量柱

平量柱就是与前一量柱持平或基本持平的量柱，它必须是两根以上的持平，也可能存在三根、四根甚至更多。但两根 K 线之间的成交量上下浮动差距不应超过 5%。

平量柱是成交量中非常特殊的一种，它往往不为人所注意。因为这种量柱的产生并不在于它自身成交量特别高或特别低，而是在于两个量柱的对比之后才发现的，并且两根量柱之间的成交量并无明显的变化。所以，在实践的过程当中，一根 K 线成交量的突然变化，包括突然的成交量放大，或者突然的成交量缩小，都容易为人所发现。如果量柱没有显著的变化，往往会被人所忽略，而变化，却往往产生在小的细节中。

两根量柱成交几乎接近一致，人们往往不觉得这其中有什么特殊的意义。但如果仔细地考量，为什么两根成交量如此地接近呢？成交量接近说明多空双方力量持平，如果昨天买卖和今天的买卖大家的力量接近于相等，那么说明什么？

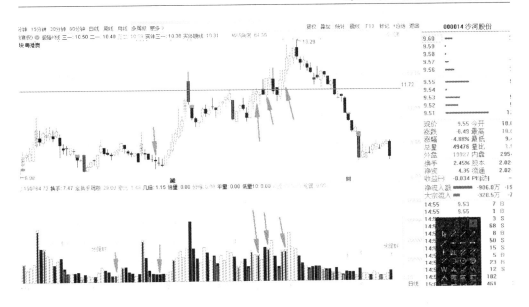

图 2-20 沙河股份 2019 年 2~4 月 K 线走势

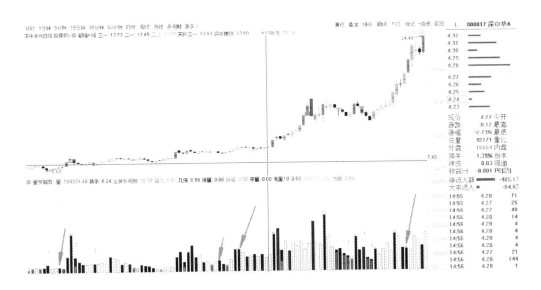

图 2-21 深中华 A 2014 年 12 月~2015 年 5 月 K 线走势

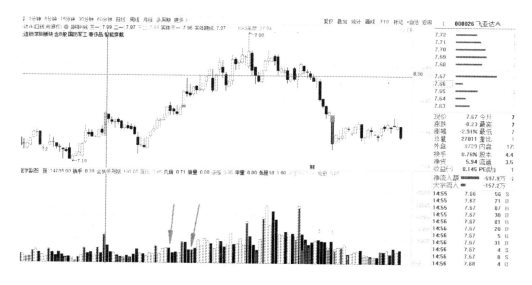

图 2-22　飞亚达 2019 年 1~3 月 K 线走势

　　如果今天的成交量和昨天的成交量几乎一致，而股价却是上涨的，或者有明显的上涨，说明卖盘是与昨日差不多的，而买方的力量也是差不多的。如果今天是下跌的，那么说明什么？说明在昨天的上涨之后，今天买卖方的力量是接近平衡点的，而这个平衡点是空方宣泄的力量。说明空方虽然进行打压，但并没有能够取得胜利。多方承接住了空方的这样的盘，那么后市必然大概率地进行上涨。

　　平量上涨，如图 2-23~图 2-25 所示。

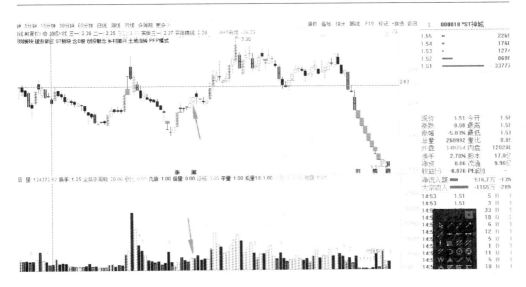

图 2-23　＊ST 神城 2019 年 1~3 月 K 线走势

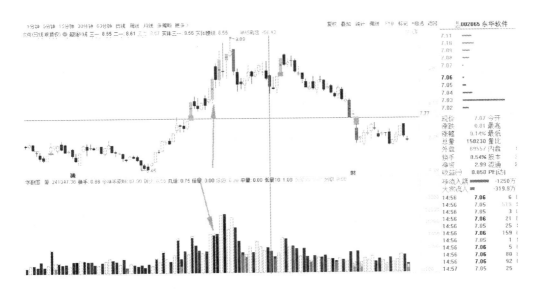

图 2-24　东华软件 2019 年 3 月 5 日 K 线走势

图 2－25　长城影视 2019 年 2 月 22 日 K 线走势

平量下跌，如图 2－26～图 2－28 所示。

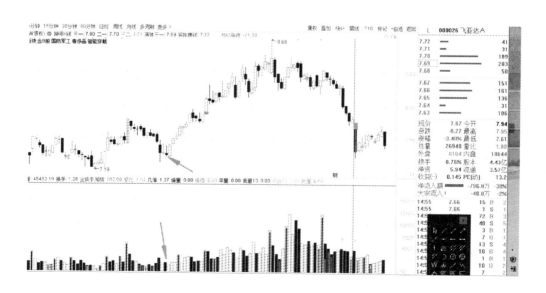

图 2－26　飞亚达 2019 年 1 月 29 日 K 线走势

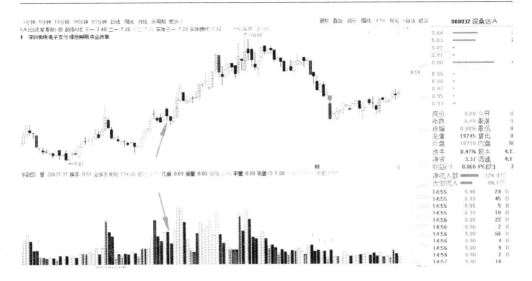

图 2-27 深桑达 A 2019 年 2 月 19 日 K 线走势

图 2-28 华联控股 2019 年 2 月 26 日 K 线走势

同样，我们来看图 2-29。

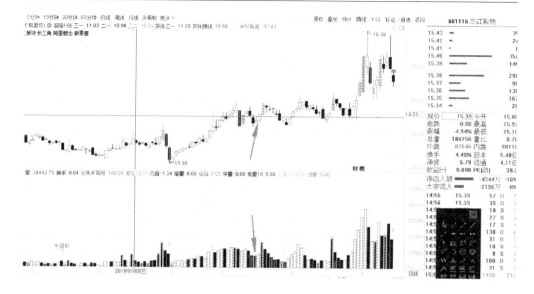

图 2－29　三江购物 2019 年 3 月 15 日 K 线走势

2019 年 3 月 14 日，三江购物下跌收出阴线之后，紧跟着是一根阳线。这根阳线的成交量和 3 月 14 日相比较，是一根平量柱。也就是说，在空方进行打压之后，多方已经开始进行反击，多空双方的力量在此又达到了平衡点，并且它是上涨的，有进攻的欲望。所以在这种情况下，既然空方已经不能取得胜利，那么多方只要再稍微用力，就能够获得阶段性进攻的胜利。股价之后继续上涨。但我们认为，在 2019 年 3 月 7 日，在 6 日的阳线之后，3 月 7 日 K 线构成的也是平量柱。

我们会发现，在这根平量柱之后，突然出现了一根大阴下跌。为什么？因为这根平量柱本身已经上攻到了左侧的压力区并且收出了上阴线，说明这个地方需要主力再加大力度，消化掉左侧的压力，才能够继续上攻。那么之后要么是主力放量，冲过这个盘区，要么进行回调，经过以时间换空间进行洗盘动作。那么我们会发现，这个回调的过程当中，成交量快速缩小。虽然下跌的幅度看起来很吓人，第二天是根大阴线，但实际成交量是缩小的。所以，3 月 7 日这一根平量柱过左边盘区峰顶时，就显示了它是关键调整的节点。主力要么继续上攻，要么回调，调整平量柱显示了成交量的平衡。从主力的控盘情况看，主力把两天的成交量弄得如此接近，说明在这个阶段，主力控盘实际上是非常强的，一定程度上达到了对盘面的控制。成交量的接近，那必然是主力的刻意所为，必然蕴含着主力的意图，那么具体要根据所处的位置和前后上涨幅度的大小、形态综合进行判断。

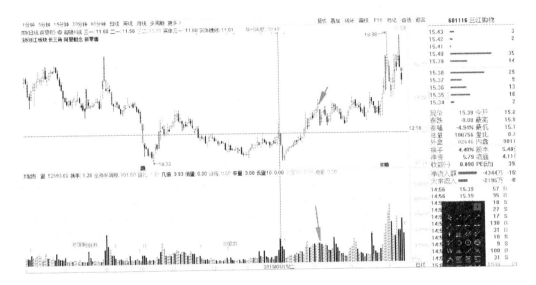

图2-30 三江购物K线走势

四、倍量柱

倍量柱就是比前一日量柱高出一倍以上的量柱。它甚至可以高出几倍以上，2倍、3倍甚至10多倍都有可能，但最低要高出90%，即1.9倍。

2倍左右的倍量柱，如图2-31～图2-35所示。

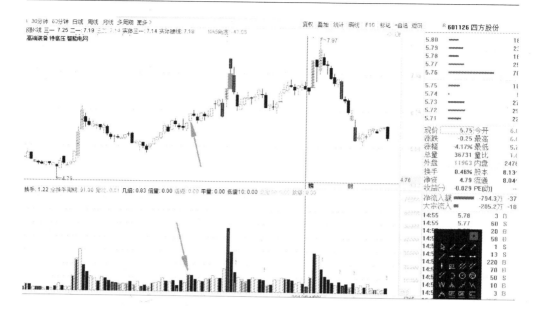

图 2-31 四方股份 2019 年 2 月 25 日 K 线走势

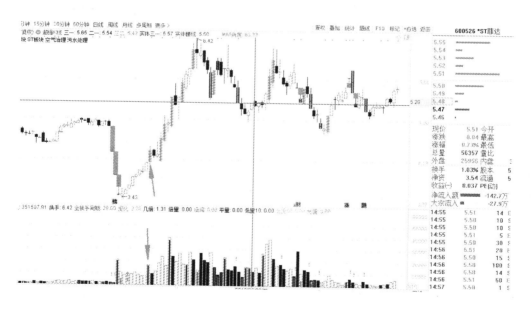

图 2-32 ＊ST 菲达 2019 年 2 月 19 日 K 线走势

3 ~ 4 倍左右的倍量柱，如图 2 – 33、图 2 – 34 所示。

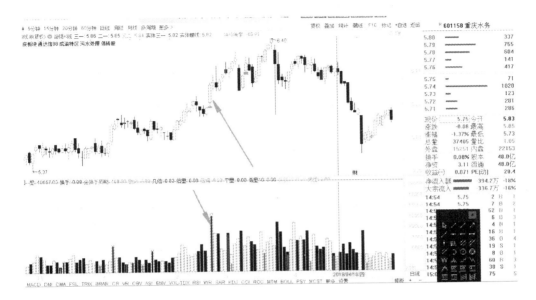

图 2 – 33　重庆水务 2019 年 2 月 25 日 K 线走势

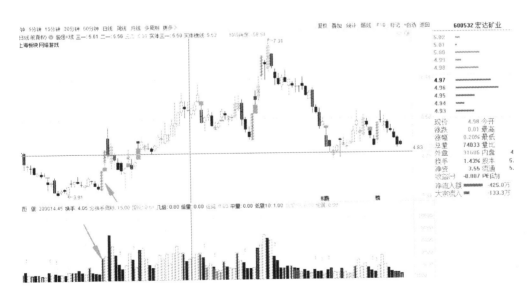

图 2 – 34　宏达矿业 2019 年 1 月 18 日 K 线走势

这里有三部分要注意：

（1）倍量柱是和前一日的那一根量柱对比所产生的。

（2）倍量柱必须比前一日的量柱增高1倍或1倍以上，可以有10％的误差，也就是最低为1.9倍，倍数没有上限，当两者极端差距时，有可能是十几倍二十几倍，比如是跌停板后放量上涨拉大阳。

（3）倍量柱可能是阴也可能是阳，对买入具有意义的是阳线的倍量柱，阴线的倍量柱基本处于阶段高点，是卖出点而不是买入点。

高位阴线的倍量柱，如图2-35所示。

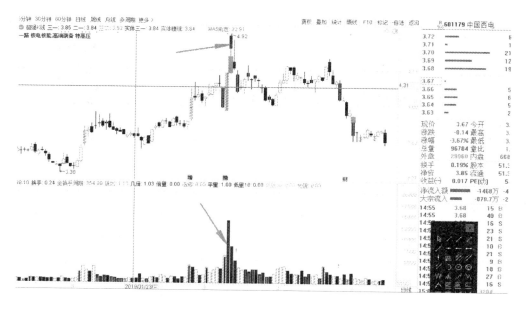

图2-35　中国西电2019年3月12日K线走势

"倍量柱"的作用：①当股价处于低位时，倍量柱一旦产生，几乎都是验证了阶段性的底部位置；②倍量柱出现后，说明主力开始有异常动作，从趋势的角度看，它几乎是一轮上涨走势的开始阶段；③倍量柱出现后，趋势延续，基本上会有一波不错的上升走势。

阶段性底部的倍量柱，如图2-36～图2-38所示。

图 2-36 联泰环保 2019 年 1 月 31 日~2019 年 2 月 13 日 K 线走势

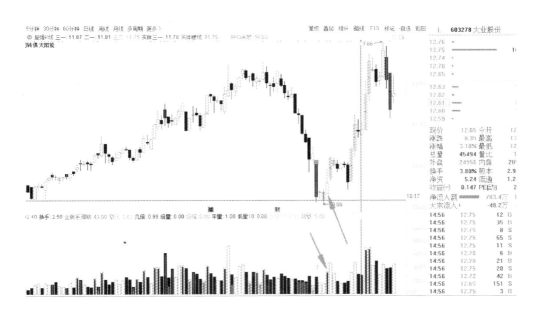

图 2-37 大业股份 2019 年 5 月 9 日 K 线走势

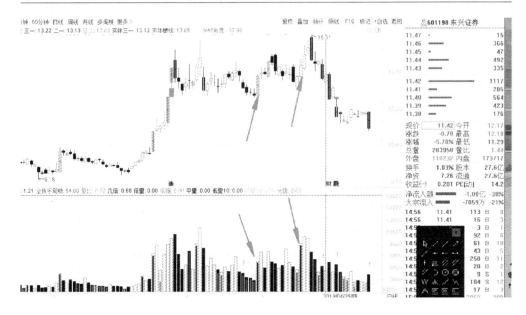

图 2-38　东兴证券 2019 年 3 月 K 线走势

趋势延续的倍量柱，如图 2-39 ~ 图 2-41 所示。

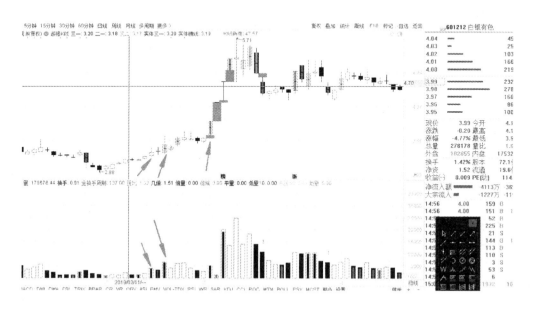

图 2-39　白银有色 2019 年 3 月 K 线走势

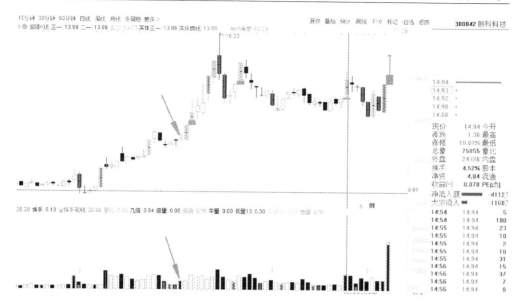

图 2-40 朗科科技 2019 年 3 月 4 日 K 线走势

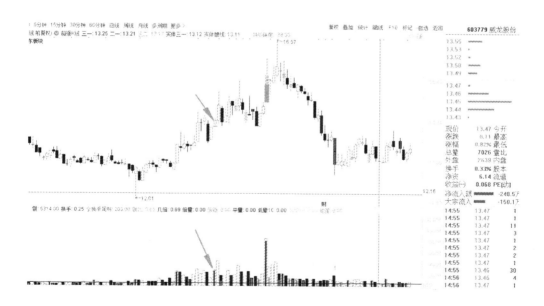

图 2-41 威龙股份 2019 年 3 月 12 日 K 线走势

在股票上涨的过程当中，人们往往会注意到高量柱，因为它的成交量特别大，但却经常忽略倍量柱。因为倍量柱不一定是高量柱。倍量柱的产生在于它和左侧的前一天K线的成交量相对比。无论前一天的成交量是高还是低，只要后一天的成交量是它的两倍，那么就会发生倍量柱。所以，有时候往往倍量柱产生了，但人们并没有意识到它的存在。比如，前面一天的成交量只有0.5%，那么第二天它的成交量虽然只有1%，但它也是倍量柱。在整体的成交量柱中，1%可能只是很小的成交量，从绝对值上看并不显眼，不容易引起大多数散户的注意，它不是很明显的变化，但却蕴藏着奥秘。

蕴藏奥秘的倍量柱，如图2-42所示。

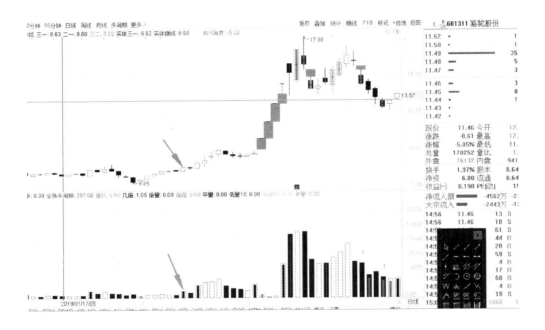

图2-42 骆驼股份2019年2月18日K线走势

因为真正的问题并不在于这根倍量柱的成交量本身的多少，而在于一只股票昨天成交量很少，为什么今天的成交量会突然放量，突然增加了一倍或者一倍以上，散户会齐心协力在这一天不约而同突然买入吗？不会。这显然是主力有所意图。主力突然加大动作，加强购买数量，说明什么？通常理解为主力非常有信心、有实力，他主动加大了买入力量，尤其是在处于底部的阶段。我们来看一下金陵药业。2月1日，成交量非常低，只有0.14%。第二天的成交量也只有0.37%，但我们看到第二天的成交量是前一日的2.62倍。在这样的位置突然去买入筹码的，显然不是散户。散户看到之前连续的下跌刚刚有一根小阳线出来，此时，散户是不敢买入的。主力在这个时候，大胆地进行买入，并且收出一根小阳线。不知不觉中彰显了主力的意图，也就是强烈地推进，吸进筹码。

五、梯量柱

梯量柱是成交量连续递增的一组量柱，每天的成交量都比前一日量柱逐步走高。从成交量上看，是一天比一天高，成交量升高的幅度可能很协调，呈现一根一定斜率的斜线，也可能不是很协调，出现大小不协调的增高方式，但只要是成交量量柱逐步走高的就是梯量柱。

（一）梯量柱实例

一定斜率的梯量柱，如图2-43、图2-44所示。

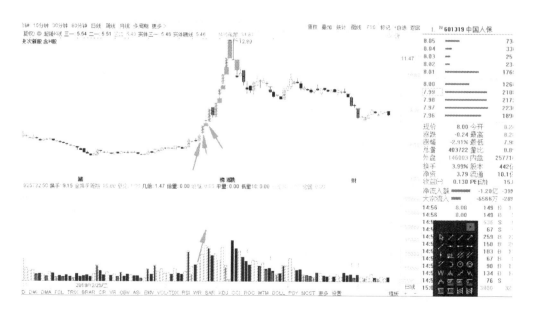

图2-43 中国人保2019年2月K线走势

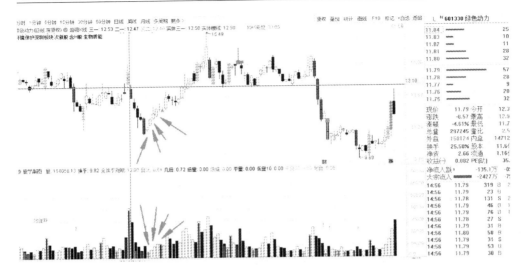

图 2－44　绿色动力 2019 年 2 月 1～13 日 K 线走势

不整齐，但逐步走高的梯量柱，如图 2－45、图 2－46 所示。

图 2－45　绿色动力 2019 年 2 月 22～26 日 K 线走势

图 2－46　厦门钨业 2019 年 2 月 K 线走势

"梯量柱"的特征：①至少由三个量柱组合而成，形成一组量柱。最多无上限，可能是四根、五根、七根、八根，甚至更多。②成交量量柱像台阶一样逐步走高。

狭义的梯量柱：全部是阳柱，一组红色 K 线，逐步拾级而上。

狭义的梯量柱如图 2－47、图 2－48 所示。

图 2－47　广深铁路 2019 年 1 月 2～7 日 K 线走势

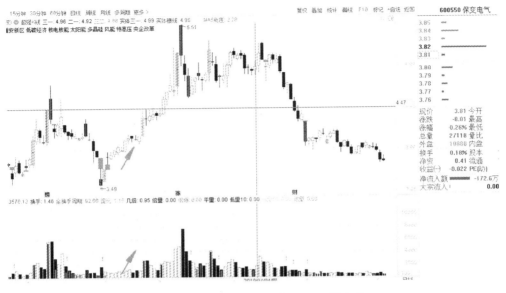

图 2-48　保变电气 2019 年 1 月 K 线走势

　　广义的梯量柱：可以不分阴阳，可能是阴线和阳线的交杂，只要是成交量逐步递增就可以。如图 2-49、图 2-50 所示。

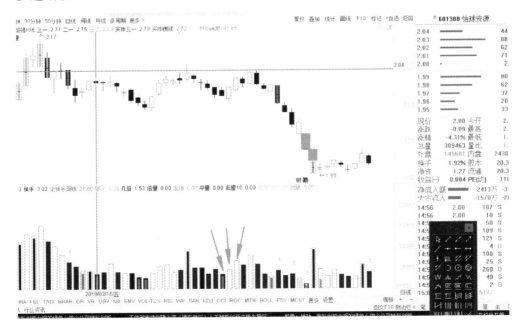

图 2-49　怡球资源 2019 年 4 月 15～17 日 K 线走势

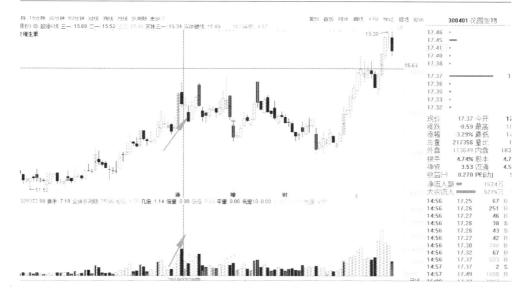

图 2－50 花园生物 2019 年 3 月 K 线走势

（二）"梯量柱"的市场含义

梯量柱是常见的量柱群，为什么会产生梯量柱，它背后代表的多空双方的力量偏差是什么？从原理讲，存在着以下几方面的情况：

第一，从卖方的力量来，在梯量柱形成过程中，成交量每日都在不断地扩大，有买须有人卖，说明卖盘在每日逐步地增加；每一天的成交量都比前一天的成交量增加，说明卖出股票的人越来越多。那么从价格上看，随着价格不断地抬高，股价不断增长，卖出的人越来越多，说明越来越多的人在看空，从某种意义上，也可以分析出它可能已经接近压力位置。

第二，说明随着逼近压力位置，市场的分歧已经不断地扩大，很多人随着股价的上涨对后市其实并不看好，尤其是刚刚解套或接近解套的人或者短线获利的人，在进行卖出。成交量的增加，从投资心理学上看，说明大家的分歧也在增加。

第三，虽然卖盘不断增大，但股价仍然能够抬高，那是谁承接了这些买盘呢？基本上就是主力，只有主力才能够随着股价的增高，不断地把筹码买进，可以认定为是主力增仓的动作。但主力的动作也分为主动或者被动。如果主力是主动性地增仓，那么往往在梯量柱之后，股票仍然能够继续上涨。一种情况是，随着股价的上涨到了压力区，那么散户的解套筹码抛出。主力被动性地吸筹，吃进了这些筹码，那么，这种情况下往往会收出长长的上影线或收出阴线，并且在后面会进行相应的调整。如果是大阴线，并且成交量非常大，那么，往往会进行相当长时间的盘整来消化。所以，并不是像传统的技术里面所认为的，随着价涨量增，后市看好。实际上价涨量增，虽然价有所增加，但由于量的增加之后可能会由盛转衰，反而需要特别关注。

（三）"梯量柱"的操作关注点

从实践的操作看，梯量柱的增加也不是无限制的，一般的梯量柱通常是三根，我们把第三根称为梯三；或者四根，我们把第四根称为梯四。当然，更多的可能会有五六七根，比较少超出七根以上的这种梯量柱。三是神奇的数字，在生活中往往也会有三的出现，就像一而再，再而三，三而竭，这样的情况会出现在实盘操作中，我们应关注，要盯住第三根的梯量。在这梯量柱之后，要防止在这第三根量柱上出现的变化情况。而第四根梯量柱，同样是非常重要的时间节点。

我们先来看梯三。

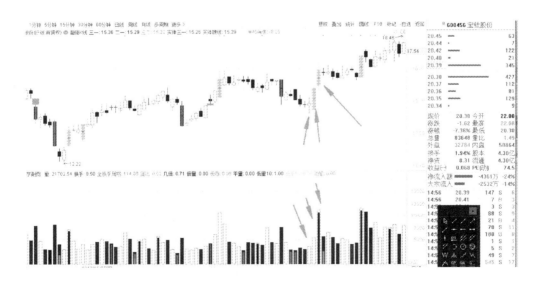

图 2-51 宝钛股份的梯量柱（2019 年 1 月）

以宝钛股份为例。梯量柱是在 2019 年 1 月 3 日开始的。在 1 月 7 日梯三之后，股价开始进行横向调整。而且 1 月 7 日的这根梯量柱，明显到达了左侧的盘整区的高点之后，进行了 8 天左右的盘整时间。

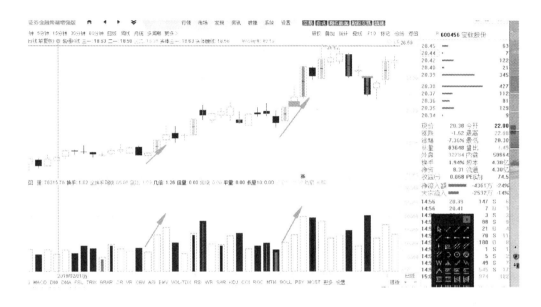

图 2-52　宝钛股份的梯量柱（2~3 月）

然后，2019 年 2 月 22~26 日，也是一组梯量柱。我们发现，这一次的梯量柱，是从一段盘整区的调整结束开始的。形态上没有太明显的特征，但成交量逐步增大。同样，2 月 26 日的第三根梯量柱后，股票开始横盘进行调整。经过两天缩量调整之后，继续上涨。再看 3 月 15 日，同样以一组梯量柱开始，连续上行，并且在梯三收出了一根大阳线涨停板。之后进行了调整，并且在 3 月 21 日出现了最高点。我们可以看出，这个主力习惯性在上涨过程中以梯量柱来进行操作，每一次放量上行到梯三后，就会进行调整。

我们再看梯四。

瑞特股份在 1 月 3 日的最低点之后，股价开始连续上涨。1 月 8 日出现了提示。梯四的时候，股票仍然是上涨的。之后出现了缩量，但继续上行。又出现了第二组梯量柱，1 月 11 日，出现了梯三，然后是长时间的横向调整。这是一组梯四加梯三的组合。梯四并没有出现大幅度的调整，而且股价仍是上涨的。上升的惯性仍然很强，主力仍在控盘进行调整。所以，我们可以特别关注梯四是调整还是继续上行。

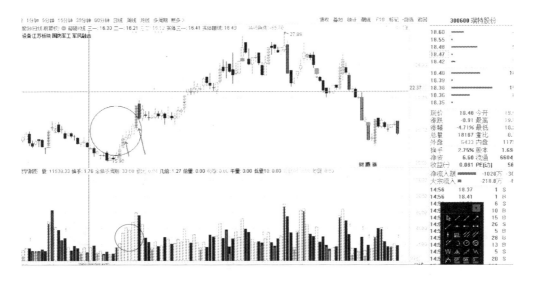

图 2 – 53　瑞特股份 2019 年 1 月梯量柱

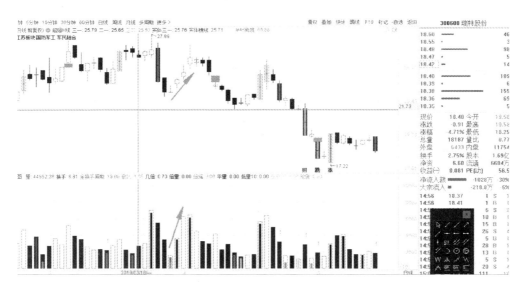

图 2 – 54　瑞特股份 2019 年 3 月梯量柱

我们再看一下 3 月 28 日开始的梯量柱。3 月 18 日之后，股价连续上涨，在梯三之后仍然是上涨，但梯四时出现了长的上影线，并且到了之前的高点位置。我们注意到，梯四后下跌横盘调整，然后出现了下跌走势。梯四本身虽然上涨，但之后马上出现变异，股价开始走弱。

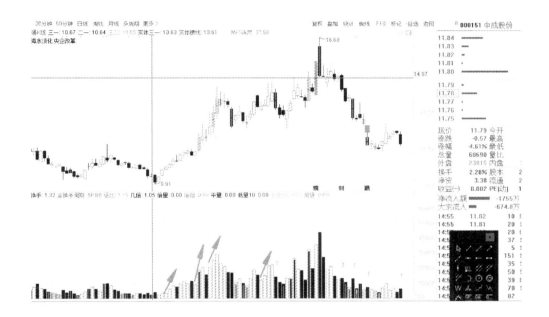

图 2－55　中成股份 2019 年 2 月梯量柱

　　中成股份 2 月 1 日开始连续上涨，成交量逐步地有序放大。直到 2 月 14 日，出现了五根梯量柱。所以，我们会发现，在梯三的时候，并没有走弱，在梯四时仍然是继续的阳线上涨，所以股价上涨的连续性非常强，阳线不断地出现。再往后面一组，2 月 28 日开始到 3 月 4 日的这组 K 线，我们发现，在这个过程中，出现梯三之后就不再上涨，而是横向调整。所以，我们要特别注意，梯三之后股票是继续上涨，还是横向调整。

　　梯四变异的操盘策略：

　　梯三或梯四的量价协调，应防止量增价涨不多或大幅度放量。那么要点来了。重要的是我们如何去判断梯三或者梯四它后面会继续上涨，还是会回调调整或者是冲击高点呢？重要的方法就是根据量价协调的原理：成交量是否跟上涨的幅度间能够保持协调的关系。

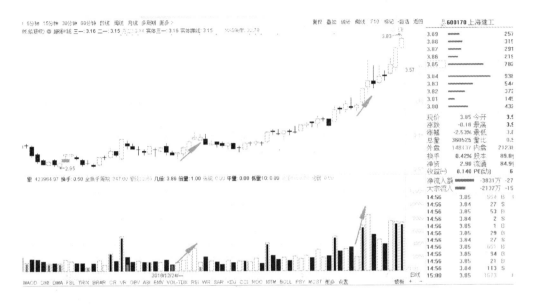

图 2－56　上海建工的梯量柱（2019 年 1 月）

上海建工 1 月 2 日开始出现梯量柱。梯三的成交量略有增大，同时上涨的幅度也有所略微增大。到了梯四，我们发现成交量增大了，但上涨幅度却并没有相应增加，并且同时收出了上影线，临近前期高点。那么，在这种情况下，就出现了量价的不协调。也就是说，量价的背离出现，成交量上去了，但价格并没有给出相应的上涨幅度。就好比用了举 100 斤东西的力气，却举不起之前用举 90 斤东西的力气时所举的东西。那么它很大的概率会进行回调调整，这就是判断股价能够继续上行的重要诀窍。同样，我们再看一下后一组梯量柱。从 2 月 22 日到 2 月 26 日，我们发现这组的量价增长的过程中，梯二的换手率是 0.82%，股价上涨了 3.27 个百分点。到了梯三，我们发现，换手率是 1%，成交量增加，而上涨幅度却只有 1.44 个百分点，明显地出现了成交量上升而价格的增长幅度减少，那么就预示着后面很可能会出现回调调整。我们看到，之后调整了将近四天，然后突破最高点，继续上涨。

我们再看一下上证指数。如图 1 – 57 所示。

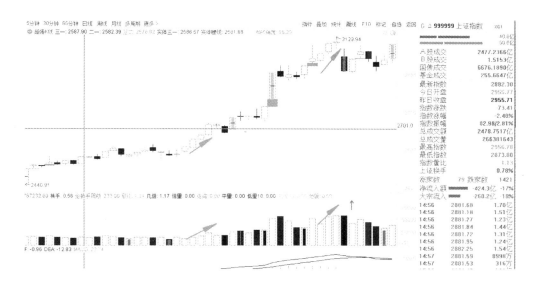

图 2 – 57　上证指数梯量柱（2019 年 2 月）

从第一组梯量柱开始，2019 年 2 月 1 日，上证指数不断上行。2 月 2 日，我们看到成交量放大，上涨幅度为 1.36%，比第一根梯量柱 K 线的上涨幅度增加。但到了梯三我们发现，虽然成交量放大，但上涨幅度只有 0.68%，已经比第二根 K 线的上涨幅度缩减，那么就出现了量价背离，说明有调整的预兆。之后出现了梯四，我们发现，虽然梯四成交量上涨，上涨幅度也上升了，但从时间点上，因为已经走到了梯四，这时我们要特别关注，后面很可能就会出现调整。果然，在之后第二天出现了回调调整。第三天出现了深度的阴线，是缩量的调整。也就是说，在时间上应该特别注意量能的协调。我们再看一下第二组梯量柱，从 2019 年 3 月 5 日到 3 月 7 日这一组，同样是梯量柱。3 月 6 日，成交量增加，上涨幅度也增加。上涨了 1.57 个百分点，大于前一天的 0.88 个百分点，但到了梯三，我们发现成交量仍然在增加，但上涨幅度只有 0.14 个百分点，那么就出现了非常明显的量价背离。在第四天就出现了一根非常厉害的下杀的大阴线，跌幅达 4.40 个百分点，并出现了较长一段时间的调整。

在梯量柱的观察过程当中，除了防止量价的背离之外，另一种情况更加值得我们注意，就是突然性的大幅放量出现在梯三或者梯四当中。

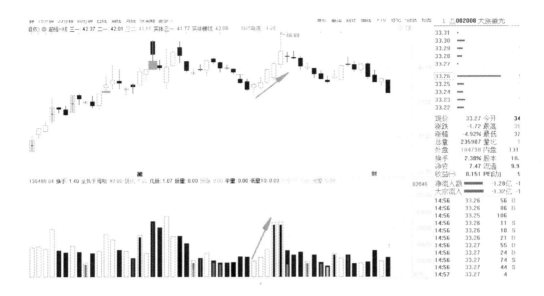

图 2－58　大族激光梯量柱（2019 年 3 月）

我们看到，大族激光从 2019 年 3 月 27 日到 2019 年 4 月 1 日的这组梯量柱，发现在梯四的时候，成交量突然大幅增加，比前一日的梯三的成交量增加了将近两倍，而与此同时上涨的幅度却只有前一日的一半左右，出现成交量放得非常大，上涨的幅度却大为缩小的情况。之后虽然梯五进行上涨，但马上就出现了变异的情况，打出了最高点。

再看一下海格通信，如图 2－59 所示。

从 3 月 29 日到 4 月 2 日的这组梯量中发现，4 月 2 日的成交量突然大幅增加，是 4 月 1 日的成交量的一倍，上涨的幅度是 3.64 个百分点，看起来似乎股票仍然在不断地延续上升趋势，但我们发现，成交量增加极大，而上涨的幅度却是缩小的。那么，这就是非常危险的信号。我们学会了量价协调、量价背离的情况，就知道这种情况下很可能会出现回调，尤其是在接近前高的状态下，很可能就是高点。果然，当天实际上打出的是股价的最高点，之后开始了长时间的连续回调。所以朋友们，当我们再次看到梯量柱的情况时，我们就懂得要观察什么了。一方面要注意量价是否协调，另一方面要注意时间点、梯三或者梯四，这些是我们要重点观察的内容。

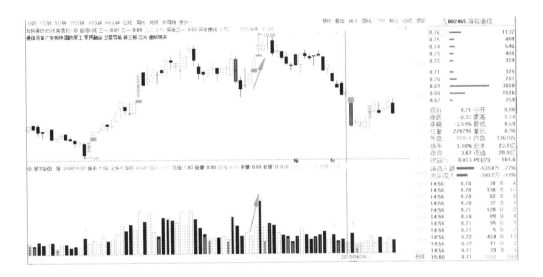

图 2-59　海格通信梯量柱（2019 年 3～4 月）

六、缩量柱

缩量柱就是比前一日量柱逐步缩小的量柱。它会一天比一天低，降低的幅度可大可小，只要逐步走低就是。比较理想的降低方式是呈现一定斜率的下降，也存在不均匀的下降，这都是属于缩量柱。

均匀下降的缩量柱，如图 2-60～图 2-62 所示。

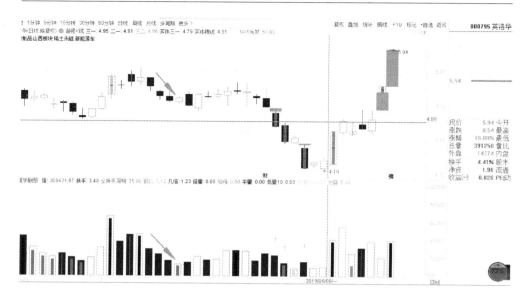

图 2-60 英洛华 2019 年 4 月缩量柱

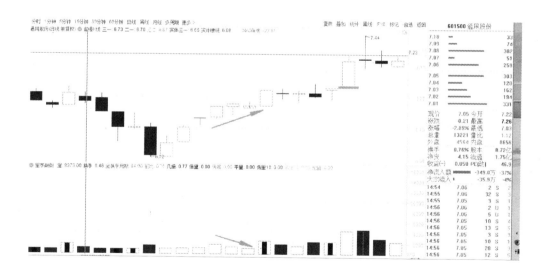

图 2-61 通用股份 2019 年 2 月缩量柱

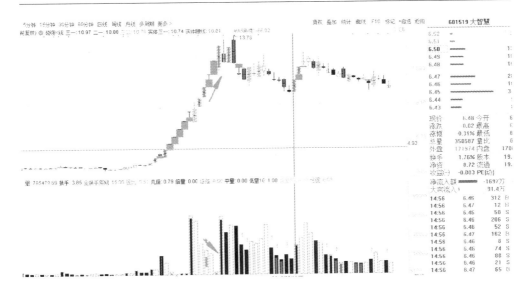

图 2 –62　大智慧 2019 年 3 月缩量柱

不均匀下降的缩量柱，如图 2 –63 ~ 图 2 –65 所示。

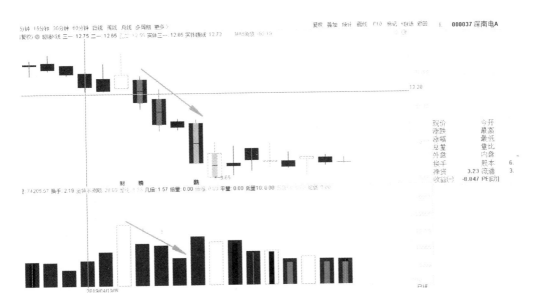

图 2 –63　深南电 A 2019 年 5 月缩量柱

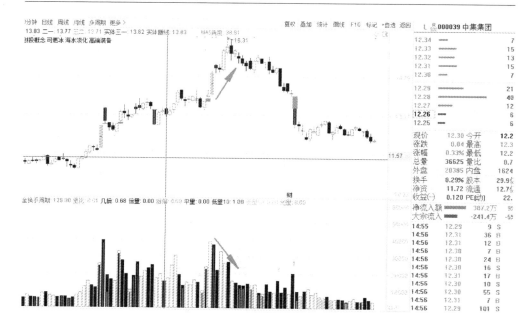

图 2-64 中集集团 2019 年 4 月缩量柱

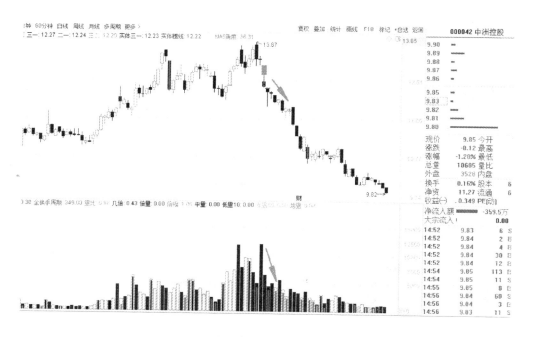

图 2-65 中洲控股 2019 年 4 月缩量柱

"缩量柱"的特征：①至少由三个量柱组合而成，形成一组量柱。最多无上限，可能是四根、五根、七根、八根甚至更多。②成交量量柱像台阶一样逐步走低。

　　狭义的缩量柱，由一组阳线或一组阴线构成，如图2-66、图2-67所示。

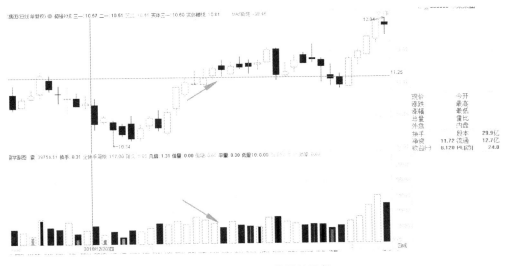

图2-66　一组阳线的缩量柱

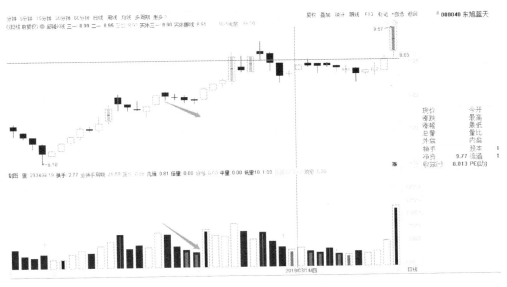

图2-67　一组阴线的缩量柱

广义的缩量柱，一组缩量的量柱，其中可能阴阳交杂，如图 2 - 68、图 2 - 69 所示。

图 2 - 68　阳线交杂阴线的缩量柱

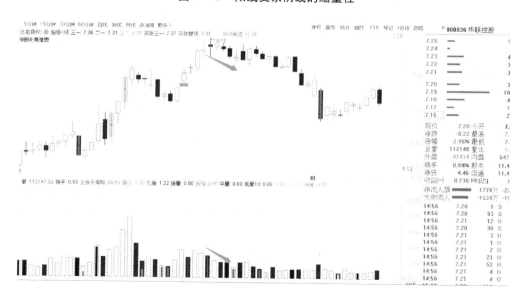

图 2 - 69　阴线交杂阳线的缩量柱

七、连续价跌量缩："逐级而下，唯我不破"

（1）连续协调的量缩体现了主力的控盘，下跌的惜售。

（2）重点在于：唯我不破，即价格保持在支撑的范围内。

（3）操作上，可与低量柱结合。

缩量柱：重点是两个方面是缩量，另外是唯我不破。同样的缩量，到底是好还是坏，比较重要的观察点是缩量的协调性。我们如果发现比较好的缩量，且是逐级地降低，保持一定的斜率，比较均匀地逐级降低，则体现了量价的协调。这显示了主力是一种有序的控盘，而不是非常突兀或者参差不齐的控盘。

但光有缩量是不够的，缩量的结果还要看价格的走势，所以非常重要的是唯我不破，这个唯我不破指的是重要的支柱。这根支撑柱是在缩量开始的那根阳线或者缩量柱之前的一根有力的中阳线或者大阳线。只有缩量下跌得到了有力的支撑，才能维持住股价的走势，从而保障主力的洗盘力度，并找到再次介入的底部时机。

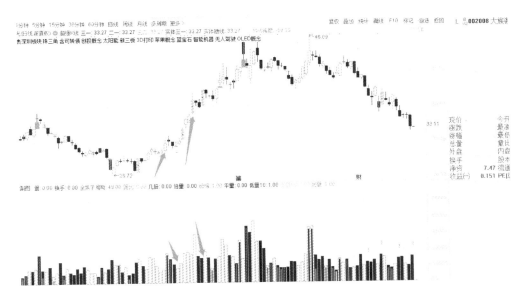

图 2-70 大族激光

在 2019 年 1 月 25 日阳线之后，出现了连续的缩量调整。看起来似乎已经无力上行，但我们发现，它的缩量柱显得非常协调，是逐级而下的状态。在价格上发生连续的缩量之后，虽然 K 线的形态看起来很难看，但实际上价格都保持在 1 月 25 日的价格的二一位的位置，也就是 K 线的中间部位，实际是非常强势的调整。之后我们发现，在连续放量形成梯量柱后，股价继续上行。再看 2 月 13 日的这根 K 线，我们发现在其之后出现了连续的缩量，而两个连续的缩量间比较协调。第一根的缩量只有前面阳 K 线的一半。这是倍量之后的伸缩量，属于一种好的情况。说明在回调的过程当中，量能的缩减非常迅速。也就是说，回调并没有卖盘涌出，主力仍然保持控盘，只有散户在回调当中慌乱地卖出。我们看到，在这个缩量回调的过程当中，同样价格并没有跌破第一根阳线，基本上都保持在二一位这个位置。如果是在之前大阳线追高买入的人，可能会陷入恐慌，实际上，虽然调整的第三根 K 线放出了量能，但整体的 K 线的收盘价都能难保持在第一根阳线的范围之内，所以经过调整之后仍然继续上涨。

我们来看华录百纳，如图 2 - 71 所示。

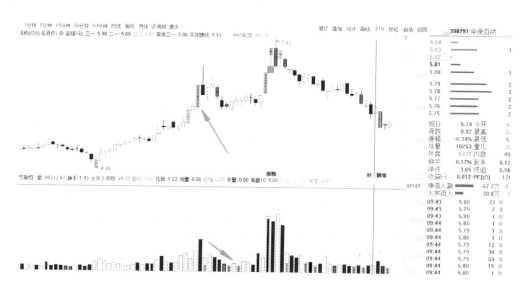

图 2 - 71 华录百纳

该股在 2019 年 3 月 7 日收出一根大阳线后。股价在第二天冲高放量，收出一根大阴线，看起来非常吓人。之后，股票进行了长期的大幅度调整。但我们发现，从 3 月 13 日开始连续的调整过程中，量能非常协调，缩量。整个调整范围内，最低的收盘价仍然高于 3 月 7 日的开盘价。3 月 14 日的这根阴线的收盘价是 5.9 元，而 3 月 7 日的开盘价是 5.93 元。我们发现，无论它怎么调整，它的价格范围都保留在这根阳线的范围之内，没有击穿这根阳线的开盘价。而在这个过程中，量能急剧缩减，说明卖盘在限速减少，主力并没有在这个过程中大举抛出。所以，当调整达到了一定的平衡度的情况下，3 月 26 日出现了倍量柱放量拉升，再次连续上涨 20 个点以上。

　　我们再看金发拉比，如图 2 - 72 所示。

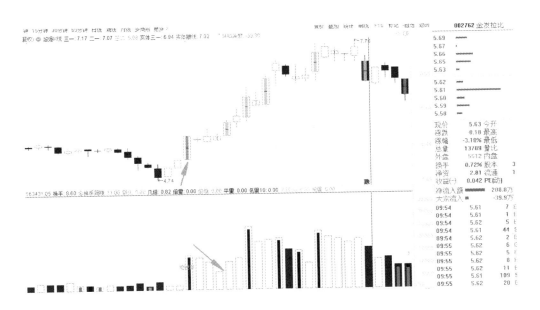

图 2 - 72　金发拉比

　　在 2019 年 2 月 12 日，该股放量涨停，涨停之后出现了连续的调整，似乎无力上涨，但我们发现，在调整的过程中，整个成交量出现了非常协调的缩量的状况，并且在 2 月 15 日缩量最低。而在这个过程中，所有的价格都保持在二一位的上方差不多，大阳线的三一位的位置，这就显示了调整非常强势。之后再次稍微放量，2月18日出现了中阳线，并且后面连续地上行，从6.0元左右，快速上涨到7.7元的位置，连续上涨了20%～30%。

我们再看更大范围内的缩量调整，如图2-73所示。

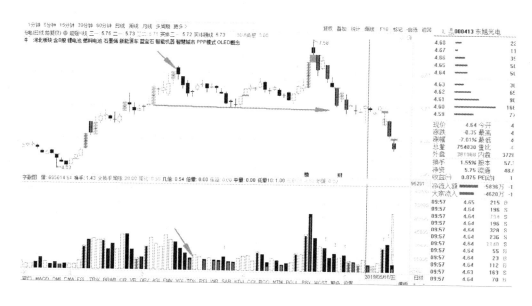

图2-73　东旭光电

2019年3月12日，该股最高点是6.84元，之后出现了连续下跌，缩量调整，我们看到这个缩量仍然是非常协调的。但缩量反弹之后未能有效上行再次下跌，但下跌仍然是持续缩量，但价格在3月5日的阳线开盘价的上方。之后就见到了最低点，再次开始一轮上行，到达7.58元的最高位置。

八、价升量缩的"缩量柱"的特殊价值

缩量，还有下跌过程中的缩量调整。我们看到，在上涨的过程中也会出现一种情况，即边上涨但成交量减少。价涨量缩是股票的一种特殊形式，往往不太被人们注意。在不起眼的价格上涨时，传统的理论可能会认为，如果上涨同时成交量缩小，显示买盘比较少，会认为缺乏继续上涨的能力。但实际上，在上涨的过程当中，决定能否继续上涨的首先是卖盘而不是买盘。如果卖盘抛压比较多，那

么股票就没有能力再继续上涨。股票能够上涨却只需要更小的成交量，那实际上说明了什么？说明卖盘的力量在这个地方是比较小的，只需要用比较少的力量就能够把股票推动上行。所以在这种情况下，实际上的价涨量缩，反映的并不是卖盘力量的减小，而是上行压力的减小。从另外角度也说明了主力的强势，主力在这个地方控制了一定的筹码，实现了一定程度的控盘。并且，在这个地方的压力相对较小，那么应该看多不是看空。

　　传统的理论往往会认为缩量上涨是没有成交量的，配合难以延续，其实并不是这样。价格能够上涨，一定是做多的力量大于做空的力量，说明抛压较轻，并没有多少抛盘涌出。另外，主力在此轻松地实现价格的上涨，说明在此区域并没有多少的压力，也说明主力的控盘在加强，其实是多方轻松地拿下了阵地，而并不是没有成交，也不是买盘稀少，实际上是卖盘较少。

　　我们看新华医疗，如图 2-74 所示。

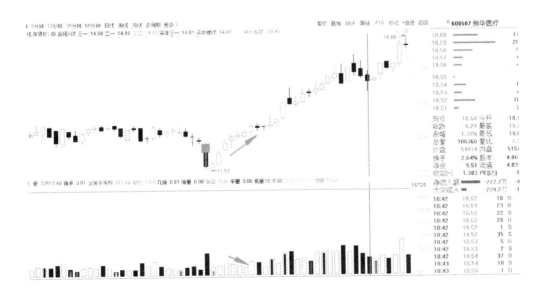

图 2-74　新华医疗（一）

　　2019 年 2 月 12 日，该股连续上涨，并且成交量在逐步缩小。看起来似乎上涨的速度越来越慢，但实际上并没有停下上涨的脚步，并且可以注意到，最后一根低量的时候，上涨的是 0.7 个百分点，还高于前一日的 0.4 个百分点。再向后，这只股票连续上行，一口气从 12 元左右涨到 16 元左右。

同样可以看到，2018 年 11 月 2 日，新华医疗连续的股价上涨，同时成交量连续缩小，如图 2 - 75 所示。

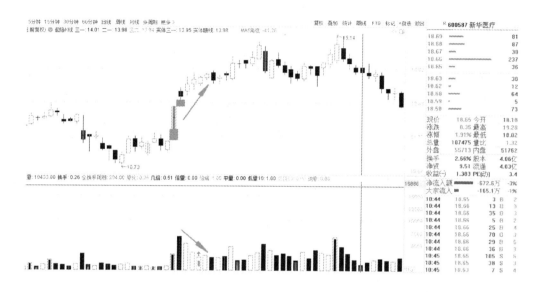

图 2 -75　新华医疗（二）

但之后只稍作停留，仍然继续上行，并没有出现立即下跌状态。缩量上涨，传统理论理解为弱势，但经过量能的仔细研究，我们发现其实缩量上涨应该理解为强势，是对股票上涨抛盘减轻的理解，也说明主力在此阶段已经基本控盘，筹码基本已经吸收到主力手里，所以没有多少抛压盘抛出。这样的话，2019 年 2 月连续缩量上行，来到左侧的密集成交区，但是股价并没有在此处受到多少的压力，而是快速通过了压力区。

这说明什么？说明主力已经实现了控盘，才能够如此轻松地快速走过。所以，缩量调整当然是好事，而缩量上涨更值得关注和介入。

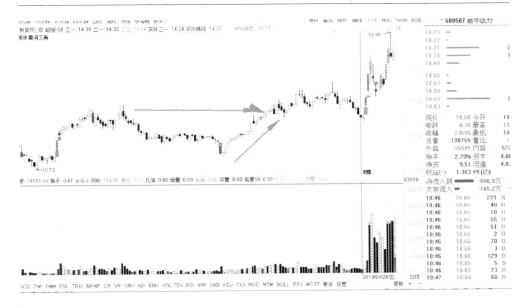

图 2-76　新华医疗（三）

我们看瑞普生物股价走势，如图 2-77 所示。

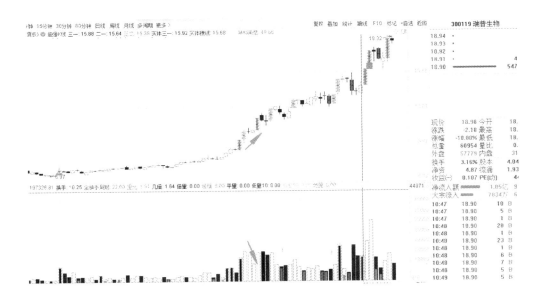

图 2-77　瑞普生物

该股从 3 月 1 日开始，成交量连续地缩小，呈现缩量状态，与此同时，它的价格却仍然在继续上涨，虽然上涨的幅度不大。连续两天缩量，同时价格微幅上升。给人的感觉似乎是难以上行，后续乏力。但实际上，3 月 6 日收出了涨停板完全无视左侧 2018 年 4 月时形成的强大的成交压力区。这说明主力控盘有力，一方面，它既能够继续上涨，另一方面也说明了主力应该是看涨，不是看跌。

再看科隆股份股价走势图，如图 2-78 所示。

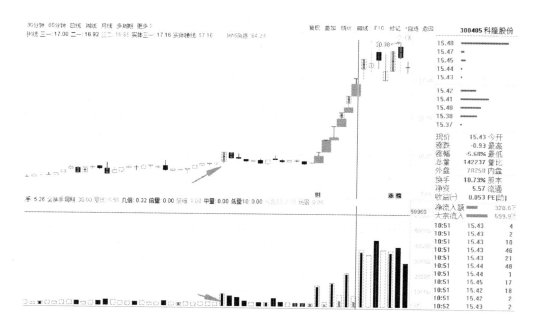

图 2-78　科隆股份

2019 年 4 月 2 日，该股成交量呈现连续缩量的状态，三天之内，股票的价格也只出现了微幅的上涨。第二天上涨了 1 分钱，第三天上涨了 7 分钱。我们发现它出现了缩量上涨的态势，说明主力的控盘在加强。后面出现了涨停板，而这个涨停板是放量的涨停板。说明此处受到了压力，但涨停板之后是调整的阶段，再次出现连续的涨停板上行，说明了缩量上涨的威力所在。

图 2−79　赣能股份 2019 年 2 月

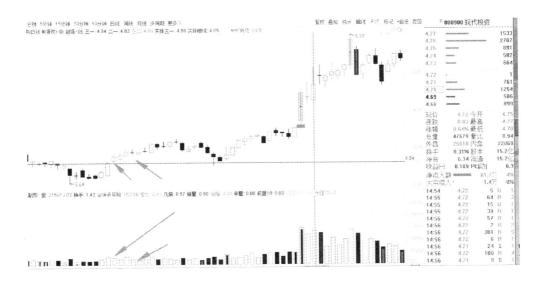

图 2−80　现代投资 2019 年 1 月

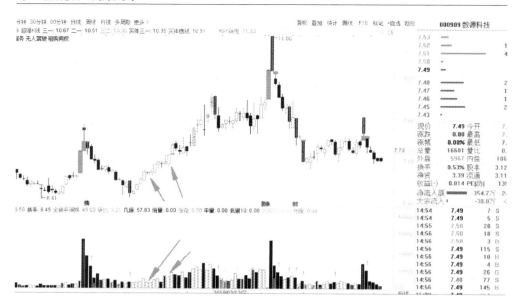

图 2-81　数源科技 2019 年 2 月

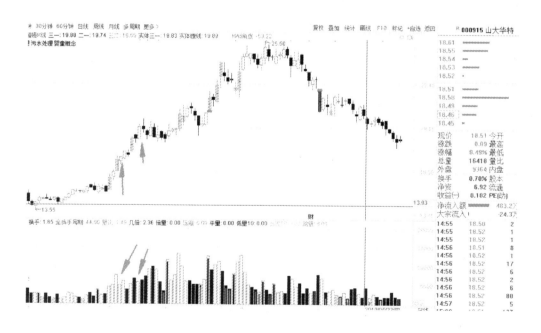

图 2-82　山大华特 2019 年 2 月

第二节　主力异动，上涨必备

一、对主力的基本认识

主力是股票上涨、形成趋势并爆发的核心因素。

主力是市场中不可缺少的重要因素。在最早的时候，从笔者的操作经历看，笔者不相信有主力的存在，总觉得不可能有所谓的主力，认为股票的上涨是其自身运动的结果。但实践证明，主力的存在是客观的。主力是股票能够上涨形成趋势并爆发的核心因素。一只股票能够上涨，那一定是多方的力量超过空方。而散户的力量是什么？是分散的。散户的多和空往往是互相抵消的。只有主力才能像吸铁石一样，形成核心的顶梁柱，大的资金合在一起，才能够推动股票连续上涨。股票的上涨需要有资金，并且有足够的多方力量，大的资金才能够推动股价上涨。所以股票的上涨要形成趋势，那么必须是中长期的连续上涨。主力把相关的卖盘给吃掉，把相应的抛压消化掉。只有在这种情况下股票才具有连续上涨，形成趋势的能力。

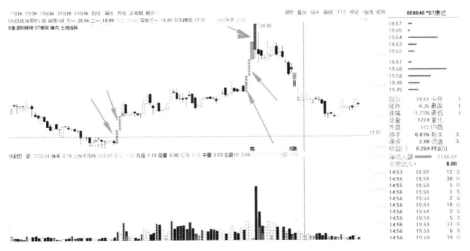

图 2－83　＊ST 康达的连续涨停板（2019 年 1～4 月）

图 2-84　方大集团的连续涨停板（2019 年 1 月）

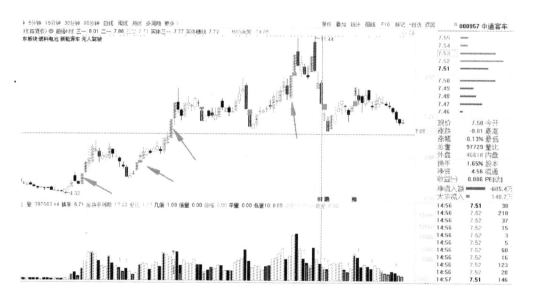

图 2-85　中通客车的反复涨停板 2019 年 1～4 月

同样，主力是股票能够爆发的核心因素。涨停板是证明主力存在的最直接的、最典型的表现。如果没有主力，只有散户，那是不可能形成涨停板的。有主力的存在、有资金并与市场预期的一致，主力带头，散户跟风买进，在这种情况下才能把一只股票的价格推到很高的位置，才能够形成涨停板。所以，主力是市场的重要的存在力量。

主力一定是有计划性的，低价买，高价卖。市场氛围合适或有题材支撑的时候，在某个节点，主力会快速拉升。

主力是怎样操作的？没有计划性操作的主力，就不是真正的主力，那是水平非常低的、偶然的外来力量。主力有精密的计划，就像我们的工作一样，我们会有相应的年度计划、半年度计划、月度计划、周计划和日计划。主力同样会根据他所要操作的股票，制订相应的周期性的计划。因为他所要使用的是相当大的资金，对于资金有周密的安排。计划在哪个时间点吃进多少物，拉到多少样的价格，在什么样的价格出货，在什么样的时候进行拉升，主力必须有一整套的既事先制订，又能够进行调整的计划，没有任何的主力会拿自己的钱开玩笑。无脑买入，冲动买入，情绪化买入的，那都不是主力所为。

主力操作股票，他的根本目的是盈利，所以主力一定会在低价买，高价卖。所以我们会发现，在股票下跌到了一定的程度之后，主力才会看上这只股票，只有合适的价格，主力的操作才有盈利的可能性。如果主力认为股价还不够低，还不符合他的买入计划，那么他可能就会以卖出的方式进行打压。我们也会看到有些股票成交量非常稀少，长期徘徊在某个阶段，但突然出现直线的大阴线下跌，放出较多的量能。但在几日时间内就止跌，开始上涨，这就是主力打压的一种典型性的表现。而主力要实现盈利，他最终必然会在高价卖出。否则，仅资金的成本，主力就无法承受。那么从这点讲，判断个股拉升的幅度，个股是否还有上涨的可能性，是我们判断的基础。如果没有足够的上涨幅度，主力的整个操作就不可能实现盈利。一般来讲，上涨的幅度，阶段性基本上会达到30%。要真正实现足够的盈利，对主力来讲，一只股票从最低价算起，它的上涨幅度应该超过50%，翻倍也是常见的上涨的目标价。

我们可以看一下金溢科技，如图2-86所示。

该股在2018年10月12日，以13.70元跌到最低点之后，这只股票很快就出现了连续的两个涨停。这样的行为显然是主力行为，然后该股在18元的下方，长期横盘达数月之久。2月19日又出现了一次冲高放量回落，看起来似乎股票已经失去了上涨的能力。但我们可以发现，该股长达几个月都处于横盘状态，根本就没有进行过上涨，那么实际上也就不可能出现主力出货的状态，最终主力一定要进行拉升，才能够实现获利。在这种情况下，即便放量回落，我们也不要慌，因为股价根本就没有进行过像样的上涨，调整没有几天后股票上涨，上攻到24元附近，再次回调之后进行第二轮上攻，涨到33元附近，最终实现了2.5倍左右的上涨幅度。

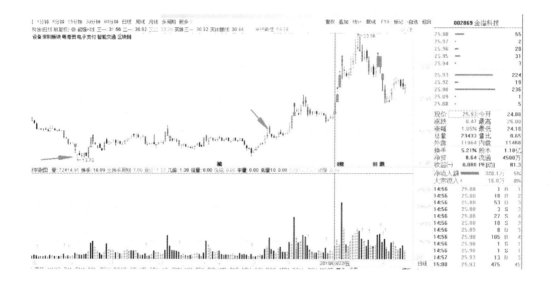

图 2-86　金溢科技

主力要拉升股票，他不会是无厘头的，不会是无理由的，为什么？因为主力要拉升的目的最终不是为了拉，不是为了股价能够提高，而是为了能够在高位出货，所以主力的拉升，他不会是毫无缘故而肆意妄为的。好的主力，他肯定要考虑天时地利人和，考虑市场的各种状况，只有当市场的环境合适、市场的题材合适，他的拉升才能够吸引散户的最终接盘，才能够最终得到散户的关注，并且具有买入的欲望，那么这样的拉升才是有意义的。

所以，当大势向好的时候我们看到很多的股票会进行大幅度上涨的拉升，为什么？因为在这个时候散户的买入欲望是最强的。主力通过连续的拉升吸引散户的眼球，然后在高位抛出。以此顺利地实现低位买入，高位卖出。那么掌握了这个原理，我们就要懂得，一只股票，在已经大幅上涨的情况下一旦放量，放巨量，那么基本上就属于主力出货。这个时候不应该追高买入，而应提高警惕，随时准备撤退。

二、主力的类型

主力都有哪些类型？主力多种多样，可以是私募、公募、游资、险资、外资、国家队等。主力就是庄家吗？其实不是。庄家是一只股票的主力，但主力不一定是庄家。在一只股票中买入的资金占比大的，我们都可以称为主力。在一只股票里面，主力可能是一方，也可能是多方，尤其是连续上涨的股票，比如市场中的各种妖股、龙头股，它很有可能是多只主力在进行接力的操作。从资金性质上讲，主力可能是私募基金，也可以是公募基金，也可能是市场的游资，也就是一些专门在市场里进行操作的大户的资金，或者一些流动的投机资金。主力也可以是外资，来自国外的各种资金。大家需要注意的是，外资的涌入，他们本身具有相当丰富的市场经验，相当长时间的资本市场运作，会成为资本市场里非常重要的一股力量，在某种程度上可能会改变市场的生态，对市场的运行有重要的影响。

三、主力的分类

虽然市场上对主力的划分方法各有不同，但我们可以根据主力操作的特性、操作的走势不同而进行区分。

（一）强庄

强庄的走势特点是非常强悍，一旦开始主升，就能不断地连续上涨。强而有力。龙头股，妖股都在此列。如图2-87、图2-88所示。

（二）狡庄

如图2-89所示，该股走势非常狡猾，主力操盘既狡猾又凶狠，看起来要上涨结果却下跌，刚跌完结果又上涨，往往让投资者很难把握。

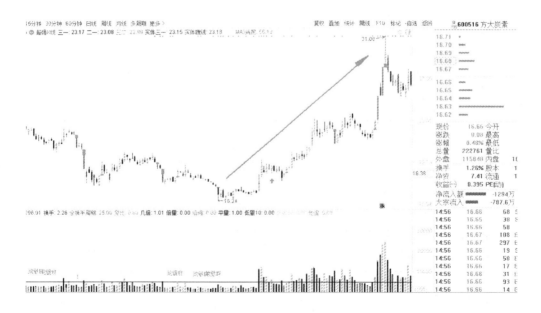

图 2-87 丰乐种业 2019 年走势

图 2-88 方大炭素 2019 年 1~4 月

图 2-89 拓日新能 2019 年年初走势

（三）绵庄

绵庄的特点是走势非常绵软。股如其人，就像主力的性格一样，绵庄的走势看起来绵绵密密，速度非常慢，有赶蜗牛的感觉，如图 2-90 所示。

图 2-90 金发科技 2019 年年初走势

（四）精庄

精庄的特点是，主力对价格的计算比较精准。往往会比较准确地出现精准线，控盘控制在同价位上。这样的主力，是有计划、有准备后再进行操作。所以，整体显得比较有耐心，很沉稳，不慌不忙的感觉，价格和价位往往打在某个精确的点上。实现了主力的精准控盘。这样的主力一般实力是比较强的，是比较大的资金，是耐心操作的结果。后面往往一旦爆发，就有比较迅猛而大的涨幅，如图 2 - 91 所示。（该股的具体分析见后文精庄的操作要领）

图 2 - 91　金溢科技在 2019 年 1 月 31 日最低点后的上涨

（五）笨庄

笨庄指主力本身的水平比较低，在操作的过程中，往往是一种蛮干、硬干、乱干的一种态势，导致股票的操作走势很不如意，该涨的时候不涨，该调的时候不调，该跌的时候不跌，难以有效上涨，甚至主力可能把自己都套牢在里面。

各种庄的具体内容，我们在后面主力的应对措施里面再详谈。

四、认识主力对操作股票的意义

操作股票，重要的是发现主力的存在。为什么？因为股票的上涨，需要有多方力量的推动，而且多方力量要占主导地位，由此才能形成主力。主力的存在，能够让我们判断这只股票后市可能走强还是走弱。没有主力的股票，主力尚未参与的股票，主力的参与度比较低的股票，都很难有比较好的涨幅。而就像前面所介绍的，不同类型的股票走势各有不同。如果个股没有主力。参与这样的股票可能长期一年半载都没有收益，因为它主要是散户参与的操作，跟随大市的无序波动，稍微碰到利空消息，压力点，它就会下跌；稍微大盘有点风吹草动，它就会随波逐流，涨的时候没有大盘多，跌的时候可能比大盘猛，基本上没有操作的价值。

那么，如何去发现主力的存在？从技术上讲，我们要发现主力的存在，可通过三个方面进行识别，就是三位合一的量能，量价量形。量能就是K线的成交量，主要也就是高、低、平、倍、梯、缩六大成交量。量价就是K线的价格，这个价格不是简单地去看个股K线当日的涨跌幅度，主要是相比较所产生的价格。

为什么通过这三个方面能够发现主力的动作？因为主力的任何运作，最终都会表现在这三方面里。主力的意图总归要通过价格的走势，通过形态的变化，通过成交量的异变实现。主力不可能凭空地突然操作一只股票而迅猛上涨，主力对股票的运作，一定会经过某阶段、某过程，而这样的阶段、过程，就会留下各种蛛丝马迹。如果抓住了这些线索，就能够让我们去识别和发现主力意图。

所以，主力异动时，我们应发现主力，识别主力，捕捉主力的启动点、延续点、转折点。

主力的启动点，如图2-92所示。

主力的延续点，如图2-93所示。

主力的转折点，如图2-94所示。

图 2-92　广弘控股 2019 年 2 月 19 日

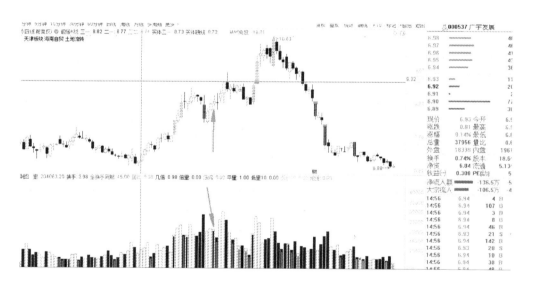

图 2-93　广宇发展 2019 年 3 月 13 日

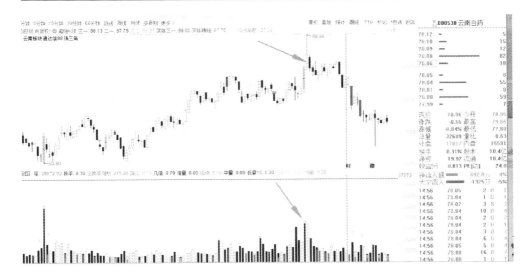

图 2—94 云南白药 2019 年 4 月 10 日

五、主力异动的表现

(一) 量能

成交量,不一般的成交量,六大量柱就是主力操作结果。高量柱、低量柱、平量柱、倍量柱、梯量柱。一般情况下,如果没有主力的有意识的操作,成交量会显示为忽上忽下,忽高忽低的无规律的态势。一般的投资者很难理解主力的意图。对于通常的投资者来讲,一般也就注意到成交量的换手率是高还是低。能够引起注意的,也就是高量柱或者最低的地量。对于这些量能本身的含义,以及相互之间所产生的一种作用,基本上没有多少的认识,处于一种认知蒙蔽状态。所以,主力利用这种认知偏差,对于成交量上的一些变化,能够"肆无忌惮"地进行一些操作。同时,由于成交量本身是难以遮掩的。比起价格来,成交量具有更高的真实性。对于价格,主力可以通过成交价,通过盘中的最高价、最低价去控制。比如最高价的产生可能只是主力的一笔大单打上去就形成了。但成交量是全天成交的结果,主力要制造这样的成交量付出更大的代价,所以成交量本身是更为真实的。尤其是低量柱,其是市场自发调整形成的结果,主力可以增加成交量,但无法降低成交量。所以,通过量柱既可以发现主力的意图,也可以发现市场本身所处的状态。主力要想控制这个市场，要想操纵这个股价，必然要通过买和卖的变化，也就是成交来达到他所想要达到的目的和意图。主力无法遮掩成交量的痕迹。最多就是刻意通过自买自卖虚增成交量，而这种虚增成交量也只是一种暂时的状态。付出的成本和代价，都会远远地高于对价格的控制。所以成交量的真实性和可靠性，远远高于价格的真实性和可靠性。它是主力运作股票所无法回避的，无法遮掩的因素。所以，通过成交量，我们可以去发现主力的目的和意图。

（二）量价

量价指的是价格的因素。在价格上，散户往往关注的是价格涨了多少，跌了多少，注意力都集中在涨跌的幅度上。实际上，研究价格，最重要的因素其实是相互之间的价格关系。也就是说，一根K线和另外一根K线间，价格的相互对比。正确地看待价格，应该把一组K线相互综合起来看，从而发现价格的变化期间，发现主力对价格的把控程度，以此判断这只股票的走势是否属于强势股票。我们用实际的案例看一下，如图2-95所示。

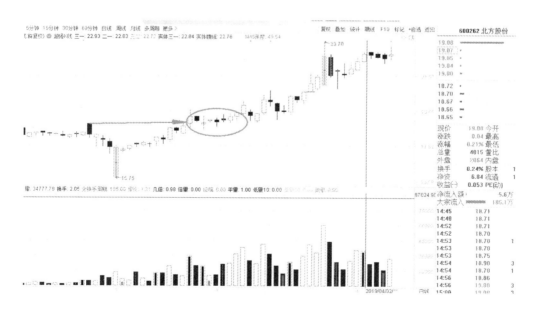

图2-95 北方股份

2019 年 2 月 25 日，该股票以一根放量的小阳线，突破左侧的阴线的顶部之后，进入了连续的小阴小阳的调整。但我们观察发现，所有的小阴小阳的调整，虽然价格有所上下波动，但收盘价都高于 2 月 25 日的这根小阳线的开盘价。这说明，主力把所有 K 线价格的收盘价都控制在这根小阳线的范围之内。实际上是强势调整的特征。

　　我们再看游族网络，如图 2 - 96 所示。

图 2 - 96　游族网络

　　2018 年 12 月 5 日之后，该股先是向上进行突破，后来连续出现了多根阴线。价格也从股价的顶部向下回调。但我们发现，虽然阴线很多、很吓人，但所有的回调，它的收盘价以及它的最低价都没有低过 12 月 5 日的最低价。实际仍然是属于强势的调整范围之内。在价格调整到最低价很接近时，12 月 21 日，该股就突然放量收出涨停板。

　　从以上的案例我们可以看出，对一只股票的价格观察，并不在于它的绝对值，也不一定在于它的涨跌幅度。也不是说，阳线就是好，阴线就是不好。重要的是，价格的相对稳定性和支撑点。我们在判断价格是否正常的时候，要学会在左侧图找它的参照点。比如大阳线。大阳线是最容易掌握的一种判断方式，通过和大阳线的位置对比，我们可以明白，尽管价格看上去是连续降低的。但实际上都控制在大阳线的范围之内，就像一根强有力的支撑柱，支撑了整个价格体系，在这种情况下仍然会保持主力的强势控盘。

对价格的观察，主要是主力对价格的精准控制，强势控制是主力的重要行为，如跳空不补、精准开盘。

我们来看 XD 泰瑞机器股价走势，如图 2 - 97 所示。

图 2 - 97　XD 泰瑞机器

我们注意到，2019 年 2 月 25 日，该股跳空高开，留下 3 分钱的跳空缺口，显示了主力强势走势的决心，之后该股不仅未回补缺口，而且继续走出小碎步上行，强势特征非常明显，不久快速拉升中阳涨停板，连续出现三个涨停，见到阶段性的高点，短时间之内涨幅将近一倍。

该股票一轮上涨到 8.35 元的最高点之后，不断下跌，最低价是 5.45 元。连续下跌，令人恐惧，但我们却发现，下跌到 5.45 元后，该股并没有继续下跌，而 5.45 元是左侧一根跳空阳线，也就是 2019 年 4 月 1 日阳线的开盘价。一轮下跌后，不仅没有把该根阳线的缺口补上，同时精准地把价格的最低价打在了开盘价的位置。显示了主力的强势控制，此后该股强势上行。同时，在 2019 年 5 月 10 日，该股再次调整至最低点 5.62 元。涨停板之后连续两天调整，那么，这只股票到底有没有能力继续上行呢？我们发现，5月10日涨停板的最低价就是4月30日中阳线的开盘价，都是5.6元。说明主力在此强势的精准控制，最后收出连续的两个涨停板。

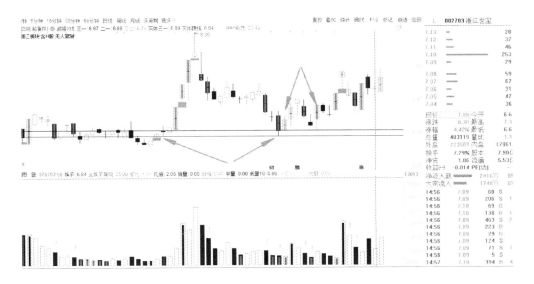

图 2-98　浙江世宝

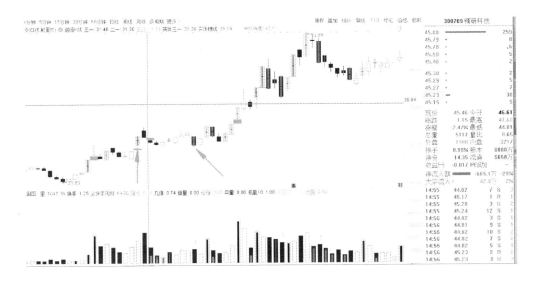

图 2-99　精研科技 2019 年 3 月 8 日（跳空后不补缺口）

图 2–100　浙江世宝 2019 年 4 月 29 日（下跌不补缺口）

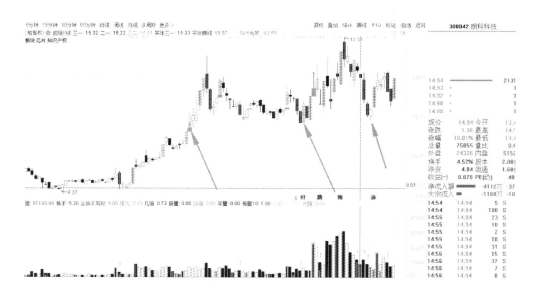

图 2–101　朗科科技 2019 年 4 月 24 日（调整始终在缺口上方）

所以，找到主力对价格强势控制的股票，就很可能有收益。

（三）量形

量形指的是 K 线的形态。股票 K 线的形态对于揭示多空双方的力量和主力的运动具有重要的意义。尤其是关于 K 线的阴和阳、假阴和假阳的作用，往往被忽视。所以，在本书中为大家介绍一些具有比较高的实战价值的这种形态案例，比如假阴真阳、假阳真阴、左侧绿林军等。

第三章　牛股秘籍

第一节　前世定今生

如何看懂一只妖股的前世今生？在股市里面，妖股有妖股的妈，牛股有牛股的妈，没有前世的准备，就没有今生的妖股。所以，抓牛股，不仅仅是看到它现在的上涨，更要看到它之前是如何运作的，看到它的前生，从而能够及时识别和关注，有效地找到它的切入点。

所谓牛股，是指在某个阶段内迅速上涨，涨幅远远高于其他个股的股票，能够在短时间之内比如说一两个月涨幅翻倍，或者直接连续涨停接近翻倍或者远超过翻倍的，我们都可以称为牛股。牛股的产生一定有它特殊的规律，一定有酝酿的过程。而从它的酝酿，到中间的运行，到最后的诞生，到吸引市场投资者的注意，到市场的狂热追捧，从平凡走向精彩，走向巅峰，一定会有一些规律可循。抓住这个牛股骑在牛上，你就能够享受到在股市中投资成功的乐趣。

那如何去识别牛股，这是非常重要的课题。在牛股刚刚诞生、兴起的前期，及时地介入，那么可以有非常好的收益，而且风险非常低。我们可以从量能、量价、量形三个要素，从更宽广的视角，从较长的周期去分析它，把握牛股的运作时间，从宏观视角、微观分析入手，抓住牛股的形态。

从整体看，牛股会经过三个阶段，准备期、启动期、拉升期。我们要从宏观视野去观察它的准备期，从微观分析去抓住它的启动期，并在拉升期紧紧地跟随不动。

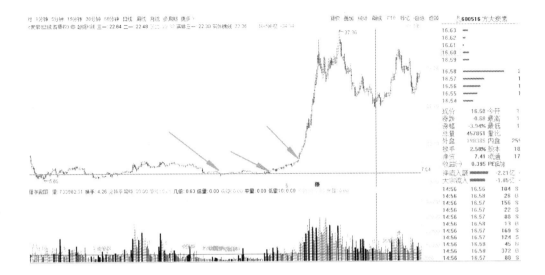

图 3-1 方大炭素

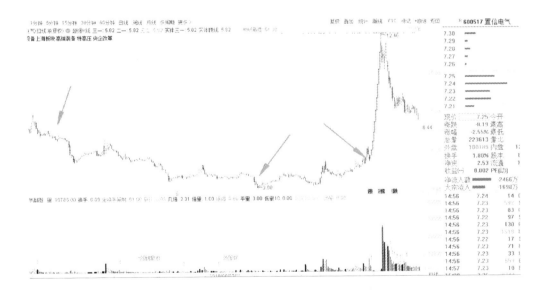

图 3-2 置信电气

图3-3 贵州茅台

　　量价关系最能够直接反映牛股的基本特征。从量能上看，长期百日地量。多年以来的形态，一直都是如此。我们从历年的股市里面，从历史的牛股行情里面不难发现符合这样条件的股票。大起大落的牛股在启动时并不是那么引人注意，往往是用小倍阳进行启动。从拉升上看，它的手法是稳健凶狠，越做越强，刚开始不为人所注意，但后面突然爆发，强势连续上涨，几乎一路向北，不回头。牛股一定是长期运行的结果。不会有任何资金在没有好好准备的情况下突然就拉只股票成为牛股。只有经过长期的筹码收集，拥有了廉价的、低价的筹码，并且在适当的时机，才会出现爆发点，从而绝尘而去。

　　2019年的超级牛股东方通信，5个月内，从最低3.70元涨到最高41.88元，涨幅超过10倍！

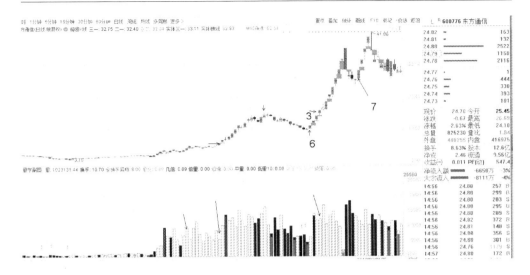

图 3 - 4　东方通信

一、准备期

为此，股票要能够形成牛股，主力必须经过一段时间的打压而收集筹码。经过连续不断的、长期的下跌，在这个过程当中，让散户把筹码交出来。在收集了部分筹码之后，仍然会不断地向下洗盘，不断地进行打压，这样，筹码越来越多地集中到主力手中。同时，向下打压也有非常重要的意义，即通过打压能够减少未来上涨时候的压力区。股价的空间拉得越开，在这段空间所处存在的筹码的分布越宽广。比如，一只股票从 10 元跌到 6 元，只有 4 元的空间，筹码密集地分布在这个区间。但如果股票从 10 元跌到 3 元，就有 7 元的空间，主力只要把股票从 3 元做到 6 元，那么它就已经实现了翻倍，而且在从 3 元到 6 元的翻倍过程中，主力遇到的阻力，比从 6 元到 10 元的阻力远远要小。因为筹码被分散到 7 元的空间差距里了，而且越往下筹码越少。形成了越来越稀薄的筹码结构，筹码的分布区域被扩大了。在 6 元以上买的股票，散户基本上不会抛出，所以主力只要专心对付，来稀释 6 元到 3 元的散户筹码就可以了。在往上拉的过程中，主力所遇到的阻力只有一部分稀释后的阻力。所以，我们就明白了，主力如果把股票不断地向下打压，他可以得到两个效果：一是廉价筹码的收集，二是再次拉升的时候，压力的减小，这样有利于股票的上涨。

图3-5　东方通信的准备期

　　所以，第一，我们要特别注意长期下跌拉开空间的股票。下跌的空间越大，越有上涨的可能性。第二，我们要去挖掘在下跌过程中，有主力参与迹象或强烈参与或明显打压的个股，这样才能为后市的上涨打下基础。如何判断这种主力打压的个股？

　　在牛股的准备期间，非常重要的一点是成交量的急剧缩小，并且能够形成比较长时间的、非常低且连续的量能缩小，也就是低量群。只有量能的急剧明显的缩减，才能说明卖出的意愿已经大为减少，而且这样的卖出意愿，经过了时间的考验，在相当一段期间之内愿意卖出的人已经非常少了，与之前在高位交易的成交量相比，形成了非常明显的低量的群体。

　　并且，最好这样的低量群不仅仅是一个，而是在形成第一个低量群之后，进行破位，继续下行，再次形成第二个甚至是第三个低量群，那么这只股票的低量群的有效性，它见底的可能性将大大提高。所以，在这个阶段特别值得注意的是价格的拉开，另外就是低量群的出现，尤其是反复低量群的出现。这时候股票的抛压已经非常稀少，主力想要拉升就会非常轻松，后势时机到时，一旦爆发，在涨幅和涨势上可能会非常地令人惊叹。

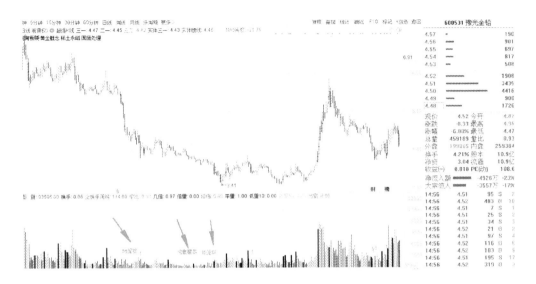

图 3 – 6　豫光金铅（2018 年连续低量群，后续短时间接近翻倍）

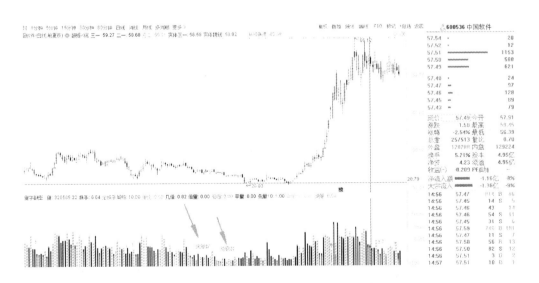

图 3 – 7　中国软件（2018 年下半年出现的低量群，后续上涨 3 倍）

二、拉升期

在股票到底了之后，主力开始进行拉升的动作。在这个拉升期的过程中，主力并不一定是（或者说经常不采用）大阳的方式。一旦涨停板或者大阳的快速拉起，那么往往会引起投资者的注意。在这种情况下，主力往往要回敲或者进行横向的，进行长时间的洗盘动作，这是一种方式。另外一种方式是以小阳的方式进行一定程度的拉起，在未启动正式的爆发之前，做阶段性的、有一定斜率的上行准备。那么在这个期间以小阴小阳为主，阳线居多，但整体的动作显得并不凌厉，而是出现一种静悄悄的，或者徐缓向上的一种动作。并且在最后的爆发之前，主力可能会做一定程度的回敲大阴下杀。当然，这个下杀往往是一种无量的下杀，通过大阴下杀进行最后的洗盘动作，最后突然启动，使投资者往往措手不及，然后牛股绝尘而去。所以，识别拉升期，对于一些牛股来讲是比较困难的。因为它往往是在不知不觉中，在静悄悄的行为过程中，在不引起主力散户注意的过程中所发生的，从K线图上看可能感受不到足够的感官刺激，显得不特别厉害，但却是主力拉升牛股前的，好比起跳前的蓄势动作。在走势上

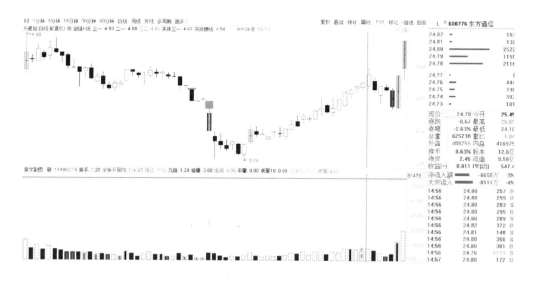

图 3-8　东方通信的拉升期

显得不引人注意，看不出也感觉不到后面爆发时的强势，甚至有时候似乎显得上攻无力。出现一些横向的调整，似乎没有能力能够再继续上涨，但这恰恰是爆发的前期的细腻点。

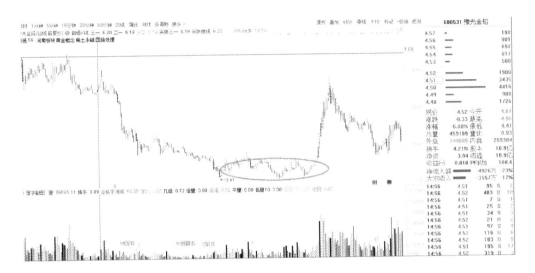

图 3-9　豫光金铅的拉升期（2018 年 10 月~2019 年 2 月）

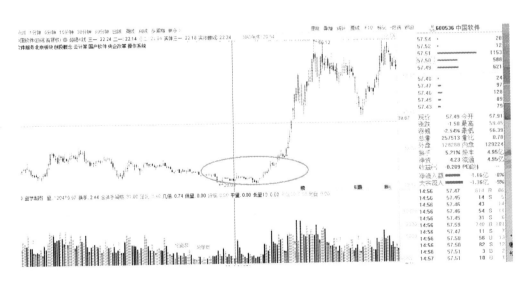

图 3-10　中国软件的拉升期（2019 年 1~3 月）

这个阶段在操作上可以特别注意几点：第一，连续价涨量缩的 K 线状态。尤其是在底部区域，出现了价涨量缩的情况，说明主力已经进行了一定程度的控盘。第二，要特别注意的是大阴的下杀动作。当大阴下杀到前期的重要支撑点位，然后又迅速拉起时，很可能就是主力要进行爆发的前奏。第三，特别可以注意的是倍量柱。倍量柱体现了主力的雄心和壮志。在之前温文尔雅的动作当中，个股似乎像一位绅士一样，不慌不忙地在操作，而这个时候突然出现一根倍量柱，那么，很可能要从温文尔雅转化成狂猛前进，应该紧紧盯住。

三、爆发期

爆发往往以涨停板过峰开始。一旦过峰，则开始狂飙突进，不留机会，稍微一犹豫就再也买不到或者一旦卖出就很难再以理想价格买回，只能跟风追涨。爆发期一般会在连续拉升后，当出现利好消息，并配合当前的大盘、市场的题材、市场热点等，股票的涨势非常迅速，连续地拉出涨停板或者大阳线。或者连续的 45°角上攻。投资者不敢介入，在等待回调，但等不到回调的点。最终忍不住的时候再介入，则可能就买在阶段性的高点或最终的最高点。

图 3-11   东方通信的爆发期

爆发期一般会有个回调换手。爆发期一般在过程中会出现短暂的休息，出现最高量后的调整。当连续上攻到放出一根最高量之后，很多获利盘蜂拥而出，股票开始进行回调调整。这个调整可能是横向的、幅度不大的调整，也可能是上下方形的、20%左右的调整，甚至可能出现深度的斜线向下的回调。回调到位后出现低量，之后又会迅速地上攻并出现涨停板再次过峰。这个过峰基本上是成交量比之前最高量要少的左右互搏的过峰，从而再次展开迅速的上涨，形成第二波仍然是幅度相当客观的上涨。对于一些特别牛的股票，这种上涨甚至可能出现三波。

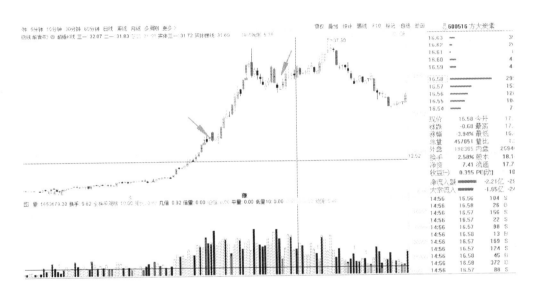

图 3-12　方大炭素的爆发期（2017 年 6~8 月）

　　在操作上，我们可以注意：

　　第一，牛股的爆发往往是以涨停板过峰的动作开始的，要特别注意过峰的涨停板。许多投资者会由于恐高不敢介入，而实际上一旦过峰就打开了向上的空间，结束了之前的调整动作。后续虽然看上去股票左侧 K 线仍然有不少的压力区，但实际上，股票可能会以很迅猛的方式向上迅速突破，因为它已经在之前的准备期和拉升期消化了这些筹码。所谓的压力区，其实对它来讲并无压力可言。

图 3-13 上海凤凰的爆发期 (2016 年 11 ~ 12 月)

　　第二，注意股票连续上涨出现的最高量。最高量出现、横向或者直接向下下跌时，是第一波行情的暂停，主力意图做充分的换手。由于最高量的出现，会使很多的获利盘或者很多的散户不敢再买入，或者出局，但经过一段时间的调整之后，这个最高量的 K 线其实将会被突破。

　　第三，要注意调整过程中所出现的低量柱。第一波的回调，调整过程中横向的或者向下的有斜率的调整，等到它出现明显的低量，说明经过了积极换手之后，成交量又已经萎缩到卖盘相对少的地步。这样，阶段性的底部可以得到确认。在确认之后，将再次展开一轮上攻。

　　第四，再次上攻的时候特别注意再次过峰的动作，如果过峰的成交量比之前的最高量的成交量要少，说明主力在成交量换手后又再一次进行了控盘。所以，后势仍然将继续进行拉升。

第二节　强势基因

识别一只股票能否强势上涨，我们就要学会挖掘、识别股票的强势基因。强势基因可能有多种多样，比如跳空开盘是强势，假阳真阴是强势，精准回踩是强势。我们以方正证券为例来详细解读一下强势基因，如图 3 - 14 所示。

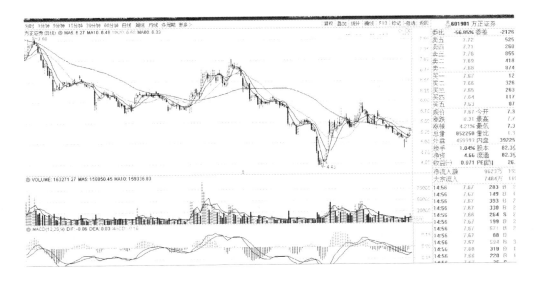

图 3 - 14　方正证券（一）

用传统技术的视角来看这只股票，在长期下跌之后上涨反弹了一段，然后似乎继续下跌。当前做了小反弹，走势似乎不强，股票一直处于 60 日均线的压制之下，也仅仅站在了 5 日均线的上方，MACD 也只是略为转红。左侧存在交易密集的盘整区，似乎压力非常大，股票只要稍微上涨就碰到了压力区，后势似乎不容乐观。

但我们用量能异动的眼光看，就会发现，这只股票是有主力的异动，绝不是简单的一只股票。

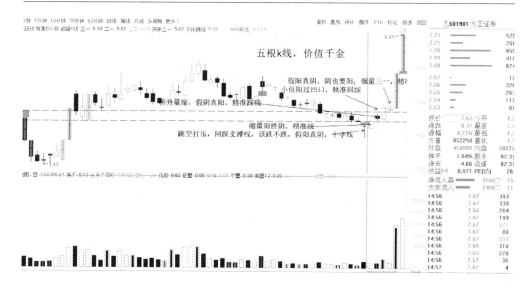

图 3-15　方正证券（二）

我们从这只股票的反弹高点开始，观察它下跌的过程，发现它在下跌的时候，成交量迅速地缩小。再看近期低点反弹起来的 5 根 K 线，看上去似乎不怎么样，都是小阴小阳，但实际上仔细分析这 5 根 K 线，我们认为根根价值千金。

第一根是 2018 年 12 月 25 日的 K 线，特点：跳空打压，回踩支撑线，该跌不跌，假阳真阴，十字线。它是一根低开的跳空 K 线，按常理讲，跳空阴线向下，应该很可能会收出大阴，但实际并没有，跳空打压的结果是该跌不跌。而且我们注意到，它的最低点，是回踩之前的左侧 2018 年 10 月 22 日大阳线的支撑线，回踩不破，未打穿该大阳线的开盘价。然后又是一根开盘价和收盘价相同，但实际价格下跌的 K 线，可以理解为是假阳真阴。再者它又是一根十字线，在连续下跌后出现十字线，且有较长的下影线，说明很可能得到了支撑。由此我们发现，该 K 线集合了多个主力异动。

第二根 K 线特点：缩量阳胜阴，精准线。我们看第二根 K 线，它的阳线实体已经完全吃掉了第一根 K 线的实体，补上了缺口，同时它的成交量是缩量，说明主力已经再次控盘，轻松地缩量上涨。然后它的收盘价跟之前的 2018 年 12 月 20 日 K 线开盘价和 12 月 24 日的 K 线收盘价一样，都是 5.10 元，三根 K 线的同价格都是在同一条线上，形成了精准线，是谁能做出这样精准的同个价位呢？显然是主力所为，这也是典型的主力异动。

第三根 K 线特点：价升量缩，假阴真阳，精准踩线。该 K 线并不引人注意，看上去似乎是根小阴线，实际上它是假阴真阳，也就是实际上是上涨的，同时它的量略微缩减，但价格是上涨的，价升量缩，假阴真阳，同时又精准地以 5.11 元，1 分钱略高的方式回踩前面说的第二根 K 线，在 5.10 元形成的精准线。所以说，这根 K 线本身是很丰富的主力异动因素的集合地。

第四根 K 线，更为微妙。第四根 K 线特点：小倍阳过凹口，精准回踩。这根 K 线的成交量是第三根 K 线的近两倍，形成了小倍阳。同时，这根 K 线收盘越过了之前左侧的下跌再回升形成的小凹底，构成了小倍阳过凹口的态势。同时，它的最低价是 5.12 元，与之前 2018 年 12 月 2 日的收盘价一致，再次构成精准。

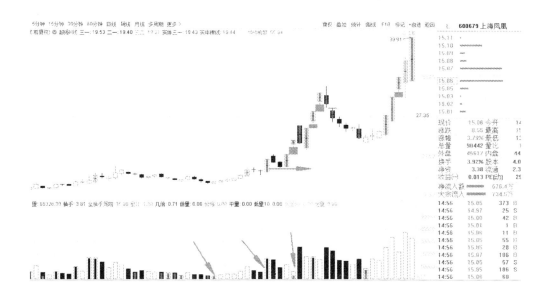

图 3-16　上海凤凰的牛股基因：低量柱、倍量过峰、强势缩量调整、
缩量上涨（2016 年 11 ~ 12 月）

第五根 K 线特点：假阳真阴，阴也要阳；缩量三一，精准踩线。它看上去是

根阳线，实际上股价是下跌的，形成了假阳真阴。明明是下跌的，但主力太强，急于买入，一下跌到某个点位就有多头吃进，这样就形成了阳线。同时，它的成交量是缩量三一，量能缩得很协调，形成了非常好的量价配合。最低价5.25元，再次踩到2018年12月27日的收盘价，非常精准。所以我们看，这几根K线根根都是主力异动的结果，体现了主力强大的控盘能力，是蓄势待发的一种状态。果然，在第五根K线过后，该股开始连续涨停，短时间之内拉4个涨停板。

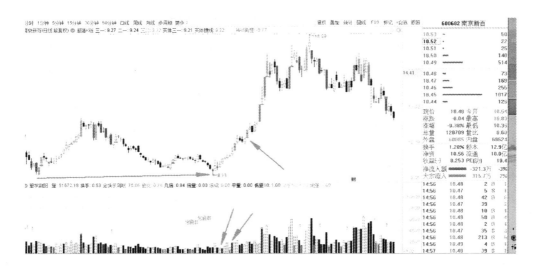

图3-17　南京新百的强势基因：该破不破、平量柱、倍量伸缩、
跳空上涨（2019年1~2月）

第四章　主力秘籍

第一节　强庄的识别和操作要领

强势股特点是从走势的一开始就走得非常迅速、非常凌厉。从 K 线上讲。基本上都是阳线，哪怕有下跌也会出现假阳真阴，因为主力会以非常积极的方式迅速地买进，把股价快速地推高，基本上会沿着 5 日线进行推送。在 K 线上，都反映为小阳线或者中阳线，其中还经常会出现强势的跳空缺口。

强势股快速拉升之时，如果有横向调整的话，那么一般调整的时间也很短，不会超过 3~5 天。调整的价格也较为有限，基本上会控制在阳线的实体范围之内，很多的时候还会出现在三一位或者二一位的调整。典型的一只强势股，能够在比较短的时间之内有比较大的涨幅。

强势股可能是妖股或者龙头股，但也不一定是一些股票，可能只是个股本身的独立走势，与板块或热点并不一定相关。但个股本身的走势就可能会带来非常丰厚的利润。以欧菲光为例，这只股票在 2019 年 1 月 16 日达到最低价 8.33 元之后快速上涨。到 2 月 25 日，已经到了 15.45 元的高点。

操作要领：操作强势股最大的要领是紧紧跟随，不放量，不出局。

强势股要敢于买入。强势股一旦开始它的走势，价格就会不断地节节攀升，只要买进去后就能享受到抬轿的乐趣。但也正是由于价格的不断攀升，会造成很多投资者的恐高心理，期待它的回调，但实际上讲，作为强势股，调整大多是发生在底部区域。一旦脱离这个底部区域，它的上升速度可能会比较快，从而造成了价格每天都在不断地进行抬升的现象。如果犹豫，可能又是根中阳线拉上去，或者直接涨停板。造成买入成本的不断升高，从而错失介入的良机。

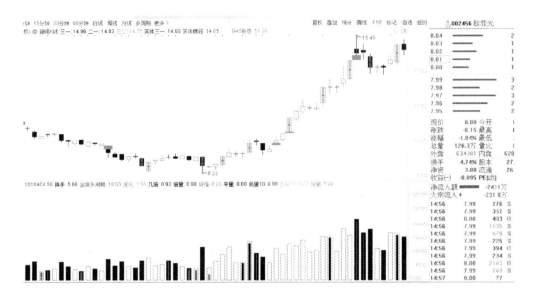

图 4－1 欧菲光

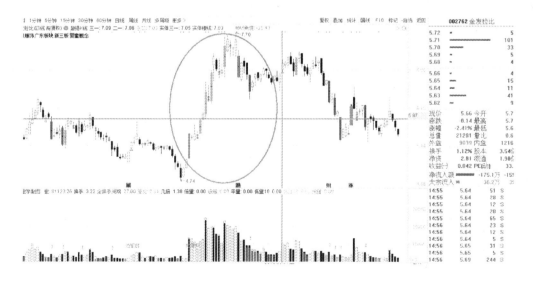

图 4－2 强势股金发拉比（2019 年 2 月）

如果在强势股上涨的过程中发现有横向的调整，同时价格还保持在比较强势的位置，而且保持在离之前的大阳线附近的位置，那么也可以抓住时机，只要横向调整过程中没有放量，就可以及时介入。

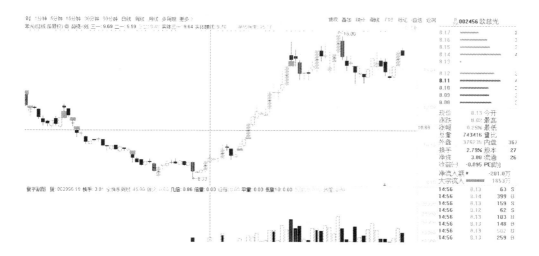

图4-3　欧菲光2019年1~2月

第二节　精庄的识别和操作要领

识别精庄主要是从价格入手。如果一只股票下跌或者调整的过程中或者在最高点位出现的价格中，有多根K线都精准地控制在某个价位上，那么，这很可能就是精庄的股票。

我们看金溢科技，2019年2月1日，该股阳线最低价是14.80元。前一天的阴线的收盘价14.80元形成一根精准线，主力精准控盘。之后，该股跳空高开，一路向上。2019年2月19日，见到第一根放量的阴线之后回调。但在回调的过程中我们发现，连续三根K线都有价位在17.80元。包括第一根K线的收盘价，第二根K线的最高价和第三根K线的开盘价，显然主力控盘痕迹非常明显。

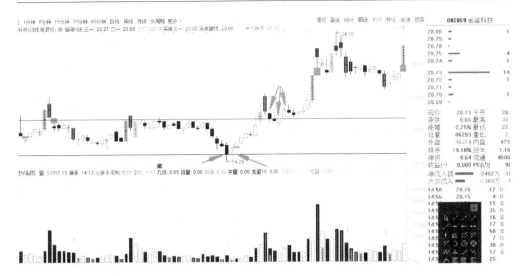

图4－4　金溢科技

　　精庄的操作策略：一旦发现主力存在对个股的精准控制，可以在该精准价格附近，在个股出现阳线拉起后迅速介入，主力应该会较快地脱离该位置。个股在横盘过程中，连续的小阴小阳价格交错可能会出现误导性的精准线，这种情况要谨慎。

图4－5　精庄梅雁吉祥（2018年10月～2019年5月）

第三节　狡庄的识别和操作要领

狡庄三大特点：①磨；②吓；③借势与逆势，虚实结合。

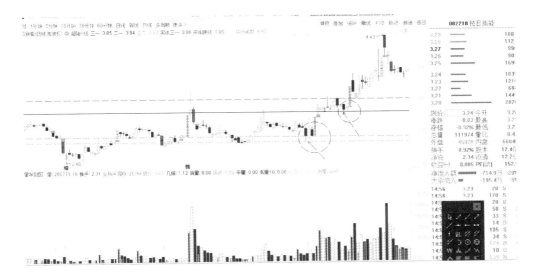

图4-6　狡庄 拓日新能

狡庄特别狡猾，当价格上升遇到阻力的时候，他往往采取横盘走势，先是小阴小阳，阴线居多，做时间上的调整。没有耐心的人就会出局。在必要的时候，他还会结合大盘情况，向下打压，走出向下洗盘的一种方式。比如，在2019年1月29日，拓日新能在之前向上试探压力之后回调，一直保持横向略向下的走势。但1月29日突然放量向下打压，阴线实体放大。但我们看到，该K线的最低价是2.77元，与之前最低点附近的2019年1月2日的K线的收盘价2.77元构成了精准，与1月4日的阳线的开盘价也构成了精准。貌似是凶狠下跌，其实主力控盘仍然非常有力度。第二天该股收出了一根带上影线的阳线。当天盘中冲高回落。如果昨日打压未出局的筹码大都会选择在该日获利或平盘出局，因为已经被这样的打压给吓坏了，我们看到成交量有所放大。而如果没有及时出去的人，盘后很可能会非常后悔，尤其第二天再次向下打压收出阴线，那么基本上没有耐心的人，或者看不清楚主力动向的人也就出局了。但仔细看我们会发现，1月31日这个阴线跟1月29日的阴线，它们的收盘价仍然一模一样，都是2.85元，主力再次精准控盘。第二天开盘价仍然是2.85元。开盘之后迅速拉升，收出了涨停板。同样在2019年的2月21日，该股随大盘向下调整，但我们发现，第二天就收出一根小阳线，并且该阳线的开盘价3.23元与前一根阴线的最低价3.23元再次构成精准，并且形成了缩量上涨的这个态势。结果第二天就跳空高开，放量快速进行拉升。

狻庄的操作要领：第一，买入点要合适，要能够正确识别主力的动向，尤其在他向下打压洗盘时，能够从量能和价格看出主力实际是个洗盘动作，仍然处于强控盘中，那么可以找机会介入。第二，要非常耐心，因为主力要么是横盘，要么是向下打压，这样不断洗盘，会让很多投资者出局。需要提高对股票的认识，对主力手法的识别，坚定而有信心，才能享受到最终的涨幅。

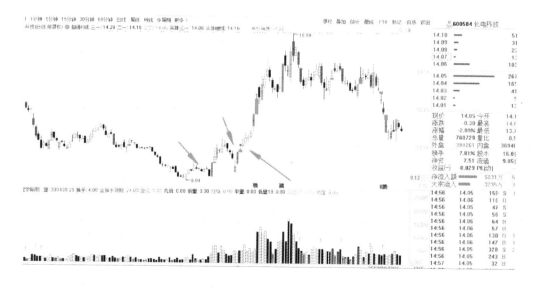

图 4 - 7　狻庄长电科技 2019 年 1~3 月

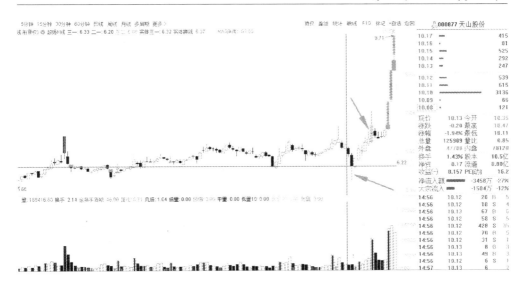

图 4-8 天山股份 2016 年 11 月 （上涨前的凶狠下杀）

第五章　一K一量擒大牛

第一节　高量柱擒牛

一、操作突破新高的意义和难点

散户朋友们都喜欢操作突破新高的股票，因为突破新高，意味着主力解放下方的所有筹码，之前买入的投资者都已经获利，在后续很可能会展开升势。不过，实战中有一些操作的难点，往往有时候刚刚突破，刚买进去，股票就突破失败下杀，有的也可能会回调。有的朋友抓突破新高的股票，发现这只个股票已经突破了原来的盘整区，然后赶快买入，但一买进去有时候反而会被套牢。也就是说，除了原来的一卖就涨，可能还会出现一买就跌。看上去觉得说要展开主升浪的，但买进去之后发现股价不涨反跌。那么，有没有什么办法能够保证买进去之后股票能够大概率进行上涨，不至于买了之后亏损。这就是我们要跟大家介绍的"左右互搏，天下无双"的这个技术。

二、左右互搏，天下无双

1. 左右互搏的基础：高量柱

之前我们介绍了高量柱，在股票的某个阶段成交量最高的量柱，尤其是在时间上具备相当期间的高量柱，必是主力所为。"左右互搏，天下无双"的技术，主要就是对主力行为进行剖析，从而挖掘出对高量柱的巧妙运用。

2. 左右互搏的原理讲解

一只股票，放高量之后形成盘整的调整区。如果股价再次突破时，用比最高量较少的成交量就突破成功，那就实现了温和减量过峰，庄家再次过峰时，减量可过，说明庄家控盘，并且创新高，后势大概率上涨。

最高的量柱，一定有大量的投资者参与，同时在投资者参与的过程中，肯定也会有主力参与的行为，散户无法形成合力。一根最高的量柱说明了主力的参与程度，那么我们如何充分地利用高量柱来进行突破新高操作呢？

我们来看下中信国安，如图 5 - 1 所示。

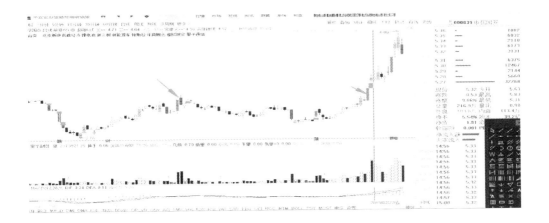

图 5 - 1　中信国安

左边标注的这根 K 线在价格上最高，是整个盘整区域的最高价，同时在成交量上我们注意到，在此期间，它的成交量也是最高的。主力在阶段期间最高点的这个地方收出阴线之后，股价做了长期的回调。那么如何在主力操作这只股票突破新高时去介入呢？我们来看一下。主力第一次到达高点的时候，收出了一根高量柱，价格最高，成交量也最高，说明有大量的筹码堆积在这个地方。然后进行了一轮的回调后，筹码在不断地进行清洗。当主力再次过峰的时候，我们发现它的成交量已经明显地少于左边。这种 K 线的成交量说明什么呢？说明主力已经实现了控盘。打个比方，之前主力到达这个最高点的时候，他用了 100 斤的力气，但没有能够继续上涨。之后进行下跌，说明这个地方的压力非常大。但经过一轮下跌之后，主力再次回到原来的这个高点，而在这时候，它的成交量明显减少，他可能只用了50斤的力气就轻松地突破了原来的高点。这说明什么呢，说明主力，原来需要100斤的力气，现在他只需要50斤的力气就能克服原来的压力，并且创出了新高。所以，从整个股价的走势行情看，后面大概率会进行上涨。这就是"左右互搏，天下无双"的技术原理，也就是温和减量过峰。这里有几个关键词，温和、减量、过峰。

我们再来看一下其他的例子，如图5-2所示。

图5-2　梅雁吉祥

我们看一下这只股票的走势。在2号K线的位置，我们发现其下方的成交量非常大，是整个盘整区间最高的、最大的成交量。同时其上方的价格也是最高的。该K线出现之后，股票走势是往下的。这种走势表示什么呢？表示主力在进行洗盘的操作。经过了几个月的洗盘之后，我们发现，当股票的走势再次回到原2号K线高点附近时，在4号K线这个位置，4号K线的收盘价顺利地超过了多少之前2号K线的最高点。在这种情况下，我们会注意到4号K线的成交量远远地低于2号K线。这就是温和减量过峰，说明主力已经实现了后续的走势。我们发现，股价在不断地上行，并且很快连续地拉出涨停板。

　　我们再看其他的例子，如图5－3所示。

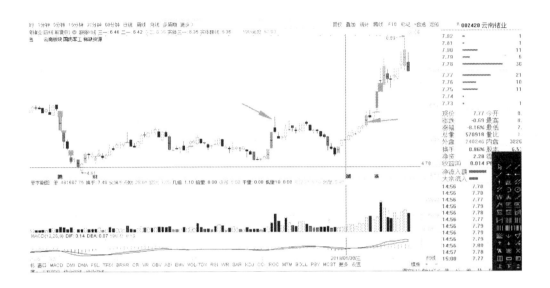

图5－3　云南锗业

　　我们看左边红色箭头所对应的这个K线，在整个盘整区间，同样，我们也发现最高点的价格是最高的。同时，它下方的成交量也是根高量柱，是整个期间成交量最高的一根量柱。我们发现，同样之后股票的走势，即先是横盘，之后往下回落，回落了之后又继续上行，当它再次来到原来这个高点的时候，我们发现，右方箭头指的K线进行突破的时候，它下方的成交量比原来左侧的这根K线的成交量是明显的。这说明什么，说明主力再次实现控盘。经过一轮调整之后，再次回到原来高点的时候，只要稍稍用力，就轻松地过原来的压力。后续的走势变得非常流畅，股票不断地上涨。

　　从这几幅图当中，大家应该已经基本领会到该技术的方法。左侧是最高点，最高价右侧，当主力操纵股价再次来到左侧的高点时，其成交量下降了，股价直线、有效的突破，收盘价收在的原来左侧最高价的上方。说明主力的控盘并且创出了新高，后市会大概率地进行上涨。

三、"左右互搏，天下无双"的量化要点

细节决定成败，我们如果认认真真地学习技术，扎扎实实地掌握每个细节，可以把它运用到很多的方面。如果囫囵吞枣，则结果可能会很不理想，所以，大家在学习的过程中要特别注意技术的细节。接下来我们用图例的方式来给大家介绍技术的细节要点。我们来看一下捷昌驱动的走势，如图5-4所示。

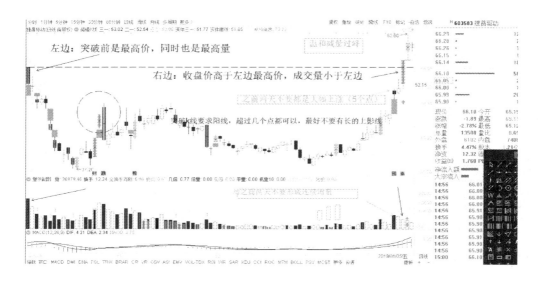

图5-4　捷昌驱动

可以看到，在图中最左侧的这个 K 线，在突破前，它的价格是最高的。同时，下方的成交量图显示，最左侧的这个 K 线目前是最高的成交量，这是第一个要求。左边是双高，突破前是最高价，同时也是最高量。我们再看一下突破的这根 K 线的要求。从右边的这根突破 K 线可以看见，我们的要求是它的收盘价要高于左边的最高价，在价格上必须实现有效的突破。同时，它的成交量要求小于左侧这根 K 线的成交量。也是我们说的，要实现温和减量过峰，在有效突破的同时，这个成交量必须是温和的，这是第二个要求。第三个要求，在突破 K 线的前两天，不能都是大幅上涨，也不能都是逐步增量的，这就是我们天下无双的两个"无"。之前两天不要都是大幅上涨，这是价格上的要求，那么前两天在成交量

上也有要求。比如说，之前两天不要形成连续的增量，该 K 线跟之前两天合起来就是三天的，不要三天的成交量呈现一天比一天高的趋势。在图 5 - 4 中，该 K 线和之前的两天的 K 线之间，并没有形成这样的连续增量，反而是成交量的不断缩减，这是第四个要求。后面跟之前两根 K 线之间的价格和成交量的要求，就是我们所说的天下无双的要求。

我们再看一下案例，如图 5 - 5 所示。

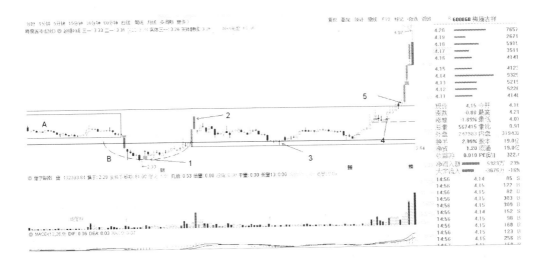

图 5 - 5　梅雁吉祥

我们对比一下发现，2 号 K 线是左边的最高量、最高价，突破的这根 K 线是右边的 4 号 K 线，与之前两天的 1 号线相比，我们发现，前面两天的 K 线并没有大幅的上涨。同时，与前面两天的 K 线合并起来，也没有出现成交量的连续递增。这样的话，在量和价格两者之间就实现了温和减量。

我们再回到云南锗业这只股票上，同样发现，左边的 K 线和右边的 K 线，左边的 K 线是最高价、最高量，右边的 K 线收盘价顺利地突破。同时，在成交量上，它的成交量也低于左边的成交量，这就是左右互搏。同时，我们看一下右边这根 K 线，跟前面两天的 K 线相比，之前两天没有大幅的上涨，并且之前两天的成交量和突破 K 线之间也没有形成连续增量。

左右两边两根天线对比，能够得到基本的左右互搏的认识。另外，我们添加的要求——天下无双是为了什么？是为了提高这个技术的胜率。当然，在实战中我们发现，这样的试用，其实是非常广泛的，有大量的股票会形成这样的趋势，主力在实现控盘之后进行突破之后，很可能会出现连续的上涨。天下无双要求的原理是：一旦连续的增量，容易产生变异。也就是说，由于量连续增加的太多，可能会影响后面的走势。突破K线之前的前两天，不要都是大幅的上涨，因为一旦价格连续的大幅上涨，也可能会影响后期的走势。

　　再来看一下反面的例子，如图5-6所示。

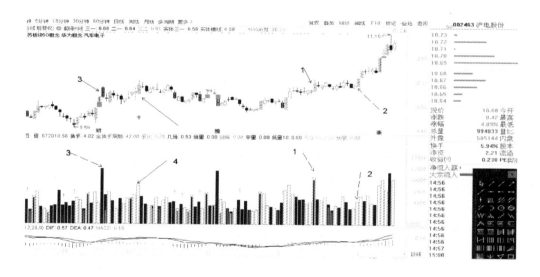

图5-6　沪电股份

　　该股的3号K线和4号之间实现了左右互搏，但是4号K线下方的成交量是连续的。连续递增的之后就不能实现我们天下无双的要求，所以4号K线在突破之后，又出现了回调的走势，而且时间相对比较长。我们再看一下右边。右边的1号K线和2号K线之间，我们发现，突破K线前两天的K线之间，既没有连续大幅的上涨，同时也没有出现红色K线连续三天的增量。所以，在2号K线突破之后，你会发现后续的走势股价开始连续上涨，并且还收出了大阳线。

四、"左右互搏，天下无双"的深化和广泛运用

之前在谈这个技术的过程中，我们主要讲到两点：一是对价格的要求，二是对量的要求。那么，我们接下来通过对形态的要求，可以优化一下这个技术。关键是被突破的这根 K 线，如果它的形态是良好的，那么后期的走势可能会更流畅一些，我们对它的要求是不要有长的上影线。至于 K 线，本身是小阳、中阳、大阳都是可以的。它的上涨不需要涨幅非常大。小的涨幅，哪怕是一个点，两个点，三个点，都是可以的，但是不能是阴线，同时最好不要有长长的上影线。因为如果有长的上影线，说明上方的压力仍然比较大，即便是现在过峰，后市可能还是会出现比较大的回调。

那么在具体的操作中，我们到底什么时候买？在实战中，我们可以这样参考：

第一种方法是在当天，如果是在当天的话，大家可以考虑在收盘前 10 分钟左右买进。因为如果买入得太早，虽然盘中进行了突破，但有可能在收盘的时候出现了大幅的回调，形成了假突破。这样的话，你的买入就会变成了买在高点，在收盘前 10 分钟买进的话，这个时候 K 线的走势，不大会出现突然的变化。大多数情况下，这个时候买进，即便买入可能发生失误的话，也可以在第二天顺利处理。当然如果在日内功底比较好的，可以考虑在当日介入。一般情况下，建议大家在收盘前 10 分钟进行。

第二种方法是如果当天没有发现，在收盘之后才发现，当你晚上复盘的时候发现，这只股票已经形成了左右互搏的态势，那么我们可以考虑在第二天开盘之后在低位进。所谓的低位，就说不要超过 4%。因为如果价格高于 4%，一旦发生回调，有可能你会买在阶段性的小高点，这对我们买入的风险控制是不利的。同时，如果第二天是高开低走的，那么大家的买入也应当谨慎。如果第二天要买进，那么最好在开盘之后 4% 的位置买进，碰到高开低走，尤其是放量高开低走的，或者碰到价格实际上已经超过 4% 了，建议大家这个时候要保持谨慎，可以考虑放弃，因为股票还有很多，我们要控制一下风险。

图 5 - 7 是学员在实战案例中的实盘操作。

图5-7 中国武夷

该股在右边这根K线的当天，他发现右边的这根K线跟左边红色箭头这根K线，两者之间已经形成了左右互搏，而且在量能上、价格上也实现了天下无双的技术。完全符合我们的"左右互搏，天下无双"的技术。由于他对这只股票比较熟悉，所以他选择了在日内介入。他发现在分时走势图中，股价已经比较有效地突破了左边最高价的高点，所以他在盘中分时盘整突破时候，在这个点买进去了。买进去之后，当日这只股票达到了涨停板。在第二天继续走出了高点，冲高回落。两天之间的涨幅，从他的买入点到最高点，差不多也有10%。

那么我们再看一下，如何把这个技术更广泛地使用。因为在实战操作过程中，大家会看到有些股票，成交量不一定是最高的，但价格可能是最高的；有些股票，成交量最高，但价格可能不是最高价。这时怎么办？那么我们要把握原则，如果量价非常接近的，我们可以认为是最高价。什么意思？我们看一下具体的案例就明白了。

同样是捷昌驱动，如图5-8所示。

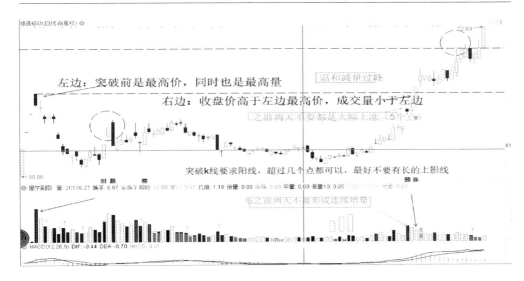

图5-8 捷昌驱动（二）

　　左侧画圆圈的这两根K线，是2018年10月26日与10月29日的K线，最高价出现在这根大阴线上。也就是说，我们要求在这根K线左边，但它的成交量会比前一天略微有点减少，属于次高量。这种情况下，我们也可以把它作为最高价、最高量。对左侧的这根K线，可以近似地认为就是左右互搏。所以，当它有效突破下方最高点时，你会发现突破后连续出现了上涨走势。我们发现，最高价的这根K线，虽然成交量不是最高，但跟最高量差不多。当天，这个价格虽然不是最高，但与最高价也差不多，并且在突破前并没有作盘整，实际上超过了，则可以把它作为左右互搏。也就是说，你可以近似地使用左右互搏技术。

　　我们如何广泛地使用"左右互搏，天下无双"的技术？我们可以发现，这个技术其实在阶段性小区间时，也可以进行操作。这样的话我们可以有效地介入上涨趋势，而不一定就是突破趋势了。之前我们讲的都是盘整区间的突破趋势，但如果股票已经涨起来后怎么办？我们可以运用这个技术在阶段性的小区间使用，如图5-9所示。

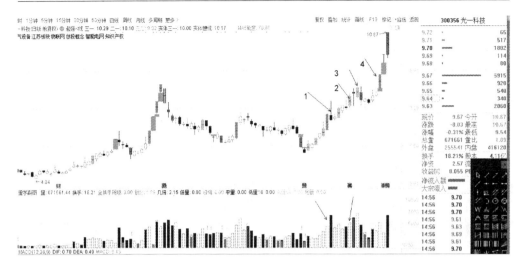

图5-9 光一科技

图5-9中的1号K线和2号K线，之前这只股票已经从底部开始进行上涨，1号K线和2号K线两者间是小区间，但它实现了有效的左右互搏。2号K线的收盘价突破了1号K线，同时它的成交量也小于1号K线。之后我们发现，突破后价格是连续上涨的。在3号K线出现高点之后，它又进行小幅度的回调，并且回调没有向下突破这条K线。我们也发现，在3号K线和4号K线之间，即7个交易日之间又出现了左右互搏。两者之间实现有效左右互搏之后，股票继续涨停。连续两天之间最高点，出现了将近20点的涨幅。所以，我们在实战过程当中，不但可以把这个方法用于整个盘整区间的突破新高，也可以用在上涨的过程中。如果发现股票已经涨起来了，但你不知道到底该在什么时候买，怕买进去这只股票上涨趋势就结束了，或者怕买进去之后，它突然大幅回调了，或者清洗之后它就跌下来了。那么你可以使用"左右互搏，天下无双"的技术。买进去之后，大概率还会继续上涨。

图 5 - 10　金晶科技 2019 年 1~3 月

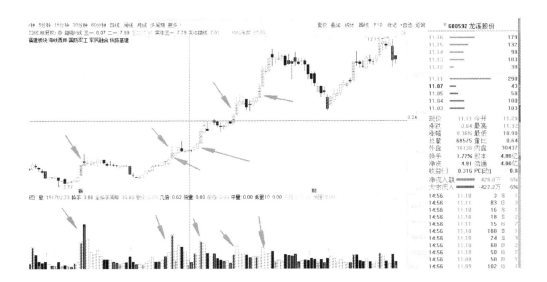

图 5 - 11　龙溪股份 2019 年 1~3 月

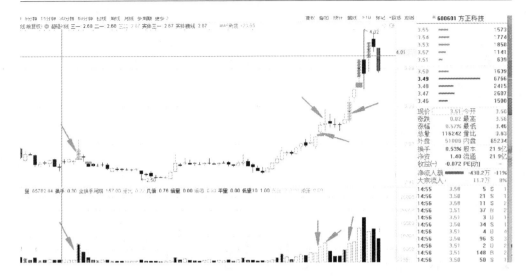

图 5－12　方正科技 2019 年 1～3 月

第二节　低量柱擒牛

低量柱——休克疗法，底气所在。

一、"低量柱"的特殊功能

我们打开任何一只股票的走势图就会发现：在任何阶段，只要形成了低量柱，股票后面的走势往往是上升的。甚至你可以不看价柱图，只看低量柱就能发现股价阶段调整的最低点。

二、"低量柱"的市场机制

综观该股的走势可以发现，低量柱有如下几点重要原理：

第一，自发原理。主力放任市场，测试市场支撑。

第二，确认原理。低量后可能还有低量，需要确认；主力乘机收集筹码，有悄悄地、偷偷地吸筹的性质。

三、低量柱战法：三花聚底

在股票的调整过程中，使用三花聚底的方法，抓住调整结束的买点。

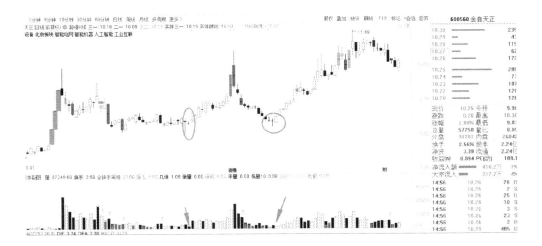

图 5 - 13　金自天正 2018 年 11 月 ~ 2019 年 2 月

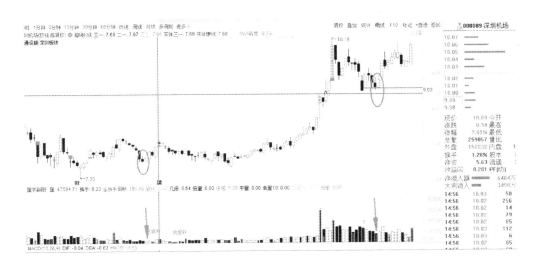

图 5 - 14　深圳机场 2018 年 10 月 ~ 2019 年 3 月

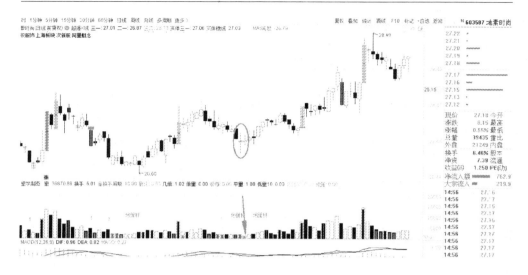

图 5 – 15   地素时尚

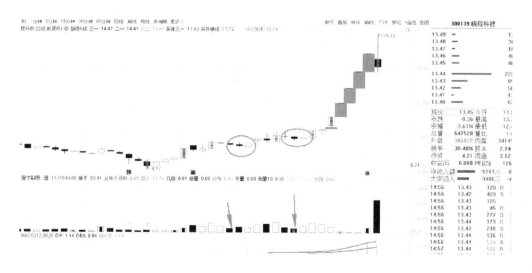

图 5 – 16   晓程科技 2019 年 1 ~ 3 月

图 5 - 17 山推股份 2019 年 1 ~ 3 月

（一）基本规则

（1）股票已经见到低点后起涨。

（2）股票回调调整，围绕最低价附近出现的三根 K 线为阴阴阳（跌跌涨）。

（3）该三根 K 线当中出现低量柱。

（4）阳 K 线的收盘价高于前一根阴线的开盘价。

（二）扩展规则

如果阳 K 线的收盘价未高于前一根阴线的收盘价，但在后三天内出现其他阳 K 线的收盘价高于前一根阴线的开盘价，也符合条件。

（三）买入点

阳线当天收盘前 10 分钟，或放量过前阴线开盘价（要求日内功底好）第二天走势正常也可以。

（四）止损点

以阳线的开盘价为止损点。后续收盘价破该开盘价即止损。

四、低量柱的演绎与妖股擒拿

三花聚底的演绎如下：

（1）一枝独秀三花聚底：如果紧挨三花之前出现最低点，而后阴阴阳的阴阴未破最低点，应该认为是该跌不跌，反向看多，可以使用三花聚底。

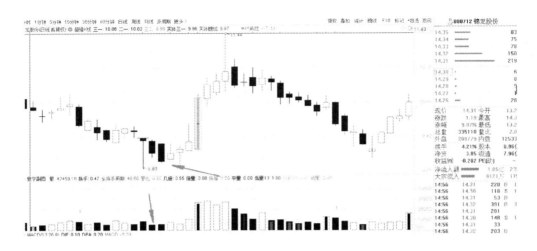

图 5 – 18　锦龙股份 2018 年 12 月

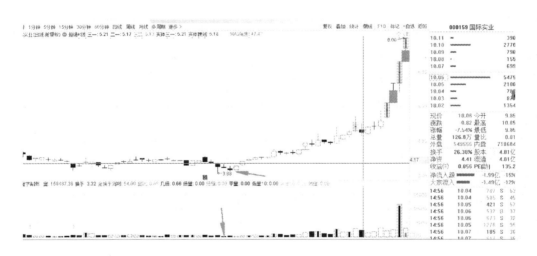

图 5 – 19　国际实业 2019 年 1 月

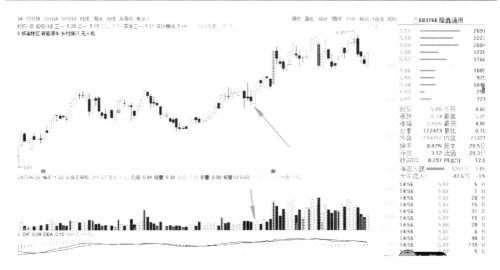

图 5－20 隆鑫通用 2019 年 2 月

（2）关于止损点：如果阳的 K 线实体很小，可以使用阳的最低价或者之前最低点作为止损点。不创新低即不止损。

（3）切忌：不要在股价最高顶放量刚下来立即使用三花聚底，除非是已经确定成妖的妖股。

第三节　平量柱擒牛

平量柱是主力操盘计划的某种体现。众所周知，主力的进货、出货、拉升、打压等行为，都是有计划、有目的的，一般会规定其操盘手在某某价位区间进出多少股票、动用多少资金。当操盘手按既定方案实施后出现了"平量"，就能清楚地知道"平量柱"所在位置、双方力道的平衡点，平衡永远是暂时的，突破就在眼前。

并肩双阳：控盘有度，蓄势待发：

（1）两根紧挨 K 线为平量柱。

（2）两根 K 线均为上涨的阳 K 线。

（3）第一根 K 线往往能够形成支撑点。以该 K 线的最低价为止损价，后续 K 线只要收盘价不破该最低价，就可以持有。

（4）出现在最低端，大概率上涨趋势开始。出现在上涨后回调，大概率结束调整。出现在上涨趋势中，大概率继续上涨。

（5）在高位高量后，则应该注意。

图 5-21　文一科技 2019 年 2 月

图 5-22　金发科技 2019 年 1~2 月

平量的奥秘在于后一根K线，如后一根K线涨幅大形态好，则预示要加速。反之，则可能进入短期调整。如形态好却不加速，注意左侧有无压力点，可能会涨跌逆反进入回调。

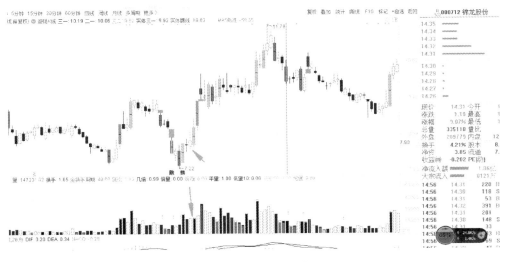

图5-23　锦龙股份2018年10月

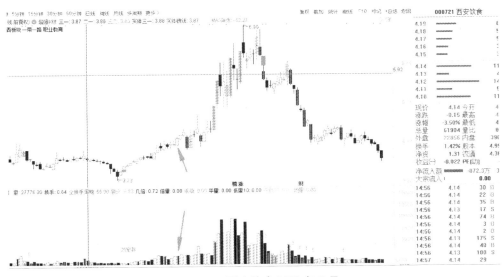

图5-24　西安饮食2018年3月

第四节　倍量柱擒牛

倍量柱的用法最好是和其他的量柱相结合，使用的时候要和前后状况相结合，而不是简单操作。比较好用的是和低量柱结合的低倍组合。

低倍组合：

（1）个股回调调整，出现低量柱。

（2）低量柱出现后，紧接着出现倍量柱。

图 5－25　东尼电子 2018 年 11 月～2019 年 3 月

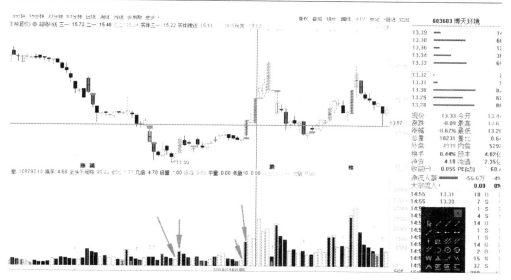

图 5 - 26　博天环境 2018 年 11 月

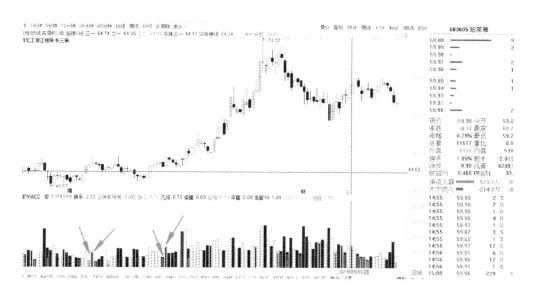

图 5 - 27　珀莱雅 2019 年 1 ~ 3 月

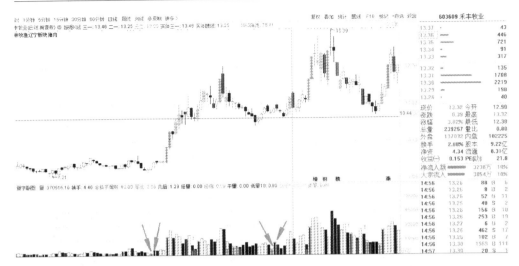

图 5 - 28 禾丰牧业 2019 年 1 ～ 5 月

第五节 假阴真阳

假阴真阳：当天高开低走，收盘价高于昨日 K 线收盘价。

假阴真阳有两个条件：第一个条件，开盘是高开的。但高开之后却走出低走的走势，而且往往是放量的低走。第二个条件，虽然日内高开低走，但最终的收盘价仍然高于昨日 K 线的收盘价。也就是整体仍然有上涨幅度。这样的 K 线，在软件上会留下一根阴线，实际是上涨的。比如，昨日收盘价是 5.00 元，今日开盘 5.25 元，收盘是 5.08 元，就会形成高开低走的假阴线。

假阴真阳的处理。

一、底部：阳假装阴主力吸筹

底部的假阴真阳，实际上是主力吸筹的一种手段，故意把阳线假装成阴线，从而使投资者犹豫不决，造成图形非常难看，阻止、恐吓投资者的进入。主力可以借机偷偷地吸收筹码并且借机洗盘、吸筹。

我们来看一下梅雁吉祥，如图5-29所示。

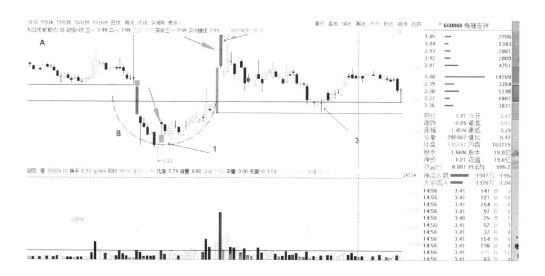

图5-29　梅雁吉祥

该股到最低点2.33元之后，第二天，出现一个高开低走的阴线，实际上是一根假阴线。我们会发现，此后所有的K线虽然阴阳交杂，但都没有去补上这根假阴线的跳空缺口。也就是整体都保留在一个强势的位置。在横盘了一段时间后突然拉出涨停，之后冲高回落后，连续调整也没有回到之前到假阴的区域，这显然是主力重要的吸筹成本区。

我们假设一下，如果在这个位置不是一根假阴线，而是一根实际上涨的阳线，那么，图形上就会显示为一根跳空的中阳线，并且之后强势调整，就很容易引起投资者的注意，并有可能积极地买入。这样的话就发生了跟主力抢筹的行为。而主力使用一根高开低走的假阴线，会让投资者误认为这只股票看起来软弱无力，已经持有的可能会在横盘过程中把筹码抛出。而没有买入的可能会对这只股票失去兴趣和勇气。这样的话，主力就实现了控盘，在不知不觉中恐吓其他投资者介入，自己借机吸筹，达到吃进筹码的目的。

图 5 - 30　君禾股份 2019 年 1 月 31 日

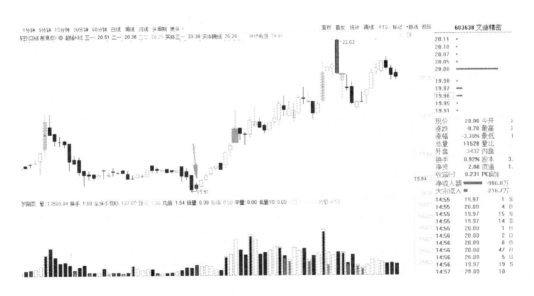

图 5 - 31　艾迪股份 2019 年 2 月 1 日

图 5 - 32　海南高速 2018 年 10 ~ 12 月

二、高处：阳也成阴，空头杀伤

在高处的假阴的意义，与在低位是截然相反的。高处的假阴，是空头杀伤的力量造成的，往往是在股票快速上涨之后，才形成了假阴。它看上去会让投资者因为之前的上涨而仍然停留在股票正处于一个快速上涨期的错觉，并且由于刚刚发生的大阳线或者涨停板的大阳线，而使投资者的心理处于一种激动亢奋的状态，并渴望买入之后能够快速获利。而假阴的股票在当天仍然会有涨幅，这样的话，会给投资者留下一个错误的或者侥幸的心理，认为这只股票很可能会继续上涨，并且从账户上看，感觉自己买的这只股票今天是盈利的。在分时上很容易会被上涨的收盘的幅度所迷惑。人总是很容易去选择对自己有利的解释。也就是说，主力在这个时候充分地利用了投资者追涨的心理，从而在投资者渴望获利的投资欲望中，顺利实现了高位交出筹码，顺利出逃。

放量假阴真阳——主力出货法宝。尤其是放量的假阴真阳，那更是主力出货的法宝。主力可能在之前成交量并没有特别地放大，依旧快速地拉涨。我们看一下华力创通，如图 5 - 34 所示。

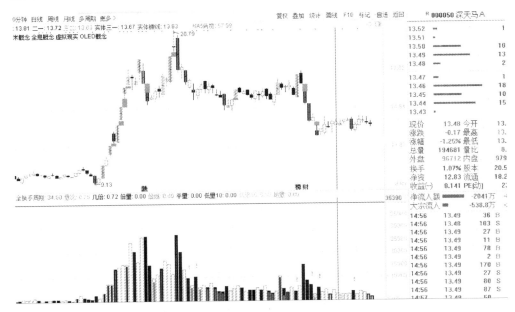

图 5-33　深天马 A　2019 年 3 月 8 日就是典型的假阴出逃

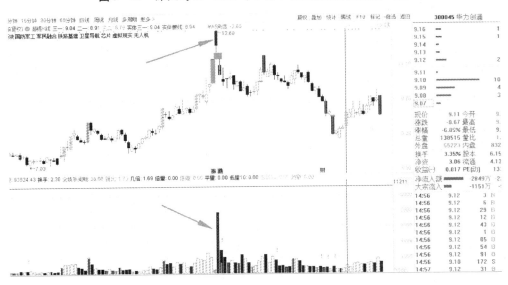

图 5-34　华力创通

　　该股第一个涨停板是缩量的，几乎没有什么成交量，但第二天高开低走，基本上是从涨停板上放量下来，成交量达到最高天量。虽然当天的涨幅仍然相当的多，但实际上是主力在出逃。第三天，紧接着一个跳空低开下杀，基本上，在这根假阴线上的散户筹码都没有出逃的机会。我们也看到，这只股票在之后虽然有反弹，但都没有能够打回到这根假阴线的价位上去。这样就套牢了大量的散户投资者。所以，当假阴出现在高位时，在快速上涨之后出现时特别要注意。尤其是放量的假阴线，很大的概率是主力出逃的最高点，或者是接近最高点这样的一根 K 线。

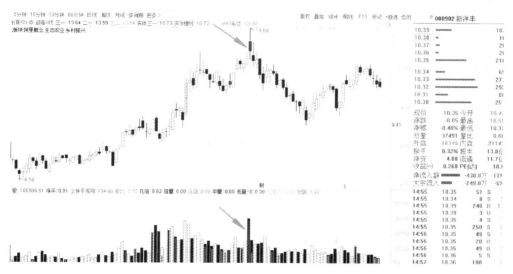

图 5－35　新洋丰 2019 年 4 月 8 日

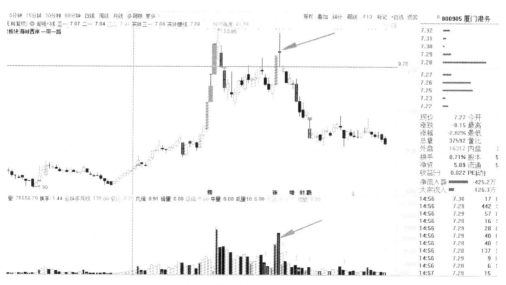

图 5－36　厦门港务 2019 年 4 月 18 日

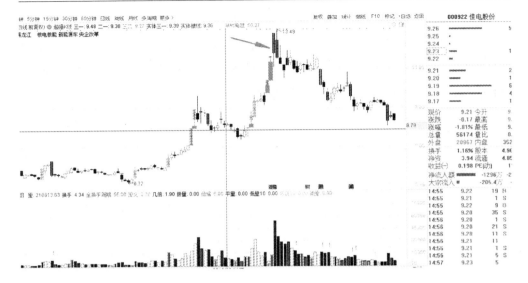

图 5-37　佳电股份 2019 年 4 月 11 日

第六节　假阳真阴

假阳真阴：当天低开高走，收盘价低于昨日 K 线收盘价。假阳真阴有两个条件：第一个条件是，低开，但低开之后是高走的趋势，是否放量在此不做要求。第二个条件是，虽然日内低开高走，但最终的收盘价仍然会低于昨日 K 线的收盘价。也就是整体仍然有下跌幅度。这样的 K 线在软件上会留下一根阳线，实际上是下跌的。比如，昨日收盘价是 5.00 元，今日开盘价是 4.75 元，收盘价是 4.88 元，就会形成高开低走的假阴线。

假阳真阴同样分两种情况，底部和高位。

一、底部

假阳如果出现在股票的底部，则体现了多头的力量。股票在正常的情况下如果下跌，那么就会形成一根阴线。但明明是有下跌幅度的，其结果却成为一根看起来的阳线，说明在这个下跌的过程中，仍然有做多的力量介入。当股票低开之后，有做多的买入力量，托起这个价格。虽然最终并没有实现上涨幅度，但实际上体现了多方的力量。这种情况和前面的假阴恰恰相反。由于主力的积极介入，即便是下跌的情况，它仍然呈现阳线，这样的话，K 线图上会体现出大量的阳线。而主力敢于如此操作，说明主力正在积极地买入筹码，也并不忌讳被投资者所发现，说明了买方力量的急迫和信心。

来看看赤峰黄金，如图 5 - 38 所示。

图 5 - 38　赤峰黄金 2018 年 10 月 ~ 2019 年 4 月

在该股 K 线图左侧，充满了假阳 K 线，和一些真正的阳线合在一起，整个图看上去一片红红火火。主力在这里进行积极的买入。后市出现了涨停并连续上涨。

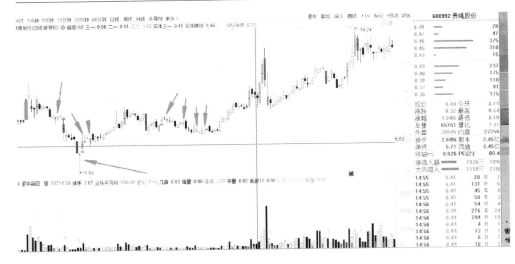

图 5 – 39　贵绳股份 2018 年 10～12 月

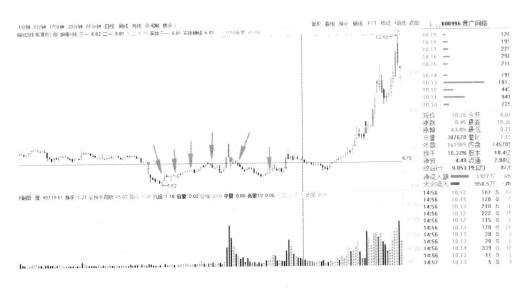

图 5 – 40　贵广网络 2018 年 10 月～2019 年 2 月

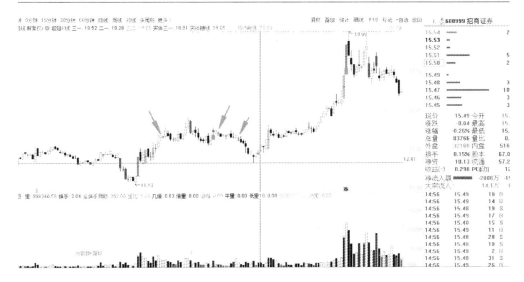

图 5－41 招商证券 2018 年 10～12 月

二、高位：阴假装阳，迷惑散户

高位的假阳，其实是主力出逃的工具。在高位的时候，主力已经抛出他手中的筹码，但为了防止投资者发现主力出逃随之迅速止损，抛出筹码，主力会故意把下跌进行得更隐蔽些，在收盘前进行一些价格的拉升，从 K 线上看似阳线。之前还没有割肉的，或者未来得及出逃的散户投资者同样会存在侥幸心理，暂时放弃割肉的行为。并且，可以吸引尚未买入的投资者购买，即通过假阳线制造一个股票上涨的假象，诱惑一些散户投资者错误买入，由此主力实现了顺利的出逃。

我们看一下晶瑞股份，如图 5－42 所示。

该股在到达最高点 8.83 元后，马上出现了一根假阳线，该假阳线实际上是一个次高点，紧接着是一根大阴线，很多投资者难以出逃。

再看下拓日新能，如图 5－43 所示。

该股在最高点之后，同样也是一根假阳线。接下来同样也是一个低开的中阴线，投资者被大量套牢。

图 5 – 42　晶瑞股份 2019 年 3 月 12 日

图 5 – 43　拓日新能 2019 年 3 月 13 日

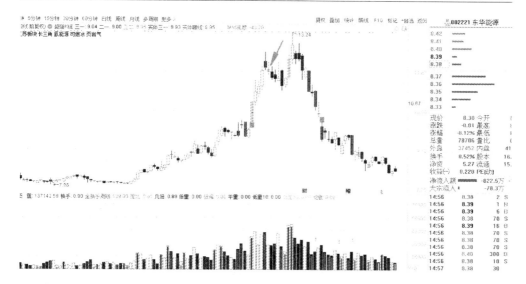

图 5－44 东华能源 2019 年 4 月 2 日

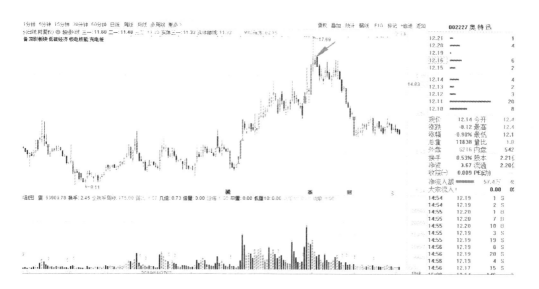

图 5－45 奥特迅 2019 年 4 月 3 日

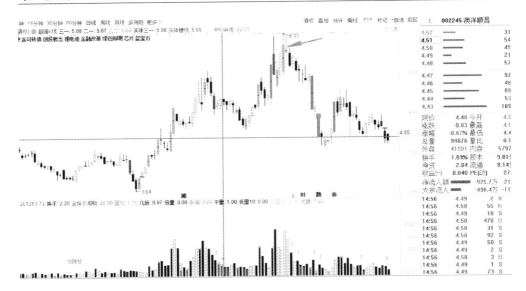

图 5-46 澳洋顺昌 2019 年 4 月 17 日

第六章　一K一量逃牛顶

第一节　左侧绿林军

在个股快速上升的过程中，突然拉出一根具有长上影线的，放量的大阴线。但在之后，很快又出现阳线，该阴线很快被收复，继续上涨。这样的一根大阴线，实际上是个股即将见顶的重要警告信号。该K线的重要特点是：

第一，有较长的上影线。

第二，有较大的阴线实体。显示空方力量较强，主力在连续上涨后冲高回落，抛出部分筹码。

第三，放量，而且经常会放出最高或次高的成交量。

第四，该K线出现之后并没有马上见顶下跌，反而很快拉出阳线或在短期之内被收服。

这样的K线就是左侧绿林军，具有很强的迷惑性。在该放量K线已经先止盈或者止损出局的投资者，很可能因为之后的阳线上涨而进行了追高买入的情况。但由于放量在先，之后的K线并没有放出大的成交量，使投资者在顶部难以识别，不会及时地退出，主力比较容易构筑一个阶段性的顶部。而投资者由于未能识别见顶信号，在顶部滞留，主力成功地实现筹码分发。

如图6-1所示，我们看到，这只股票在突破之前的中部盘整区后快速上涨，然后在涨停板后收出一根放量的阴线。这根阴线虽然不是图内的最高量，但实际上它的成交量非常高，是一根次高量。之后该股没有马上下跌而是继续上涨，还出现涨停板,很快见到最高点。我们仔细看,在最高点出现时,并没有特别明显的顶部K线,比如长上影线,放量的大阴线,很容易造成投资者的滞留状态,主力乘机出货。

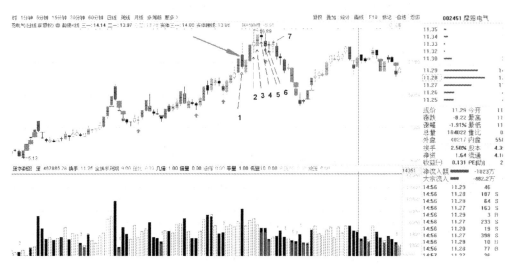

图6-1　摩恩电气2019年1月10日

我们再看一下亚联发展,如图6-2所示。

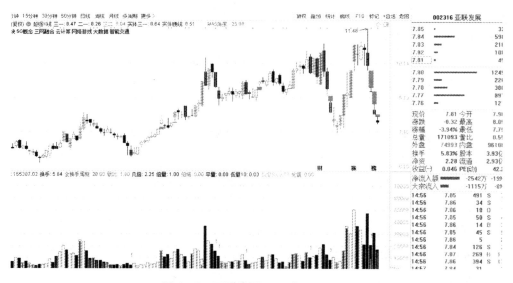

图6-2　亚联发展2019年3月8日

该股一路上行之后，先拉出涨停板，然后是长上影线，放量的大阴线。虽然第二天似乎又拉起一个接近涨停的中阳线，但之后回调下跌。虽然进行了一个长期的横盘，但股价基本上都在这根放量阴线的范围内。在这个区间买入的投资者，基本都以亏损告终。

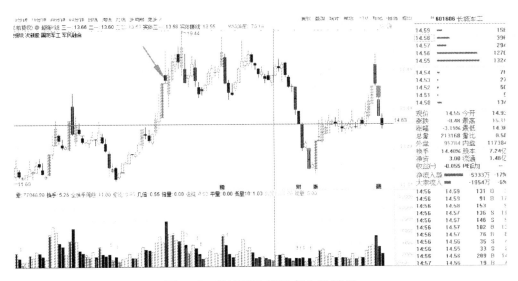

图 6 - 3　长城军工 2019 年 2 月 28 日

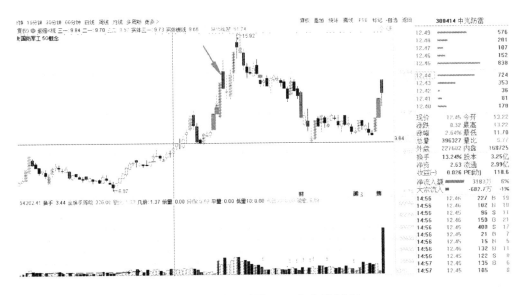

图 6 - 4　中光防雷 2019 年 3 月 23 日

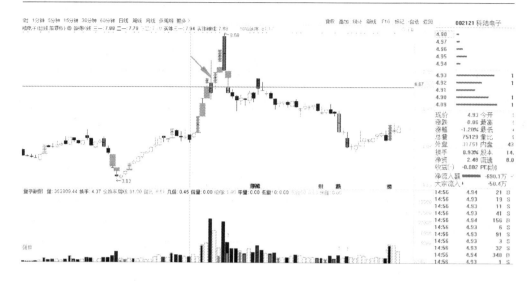

图 6-5　科陆电子 2019 年 3 月 8 日

图 6-6　易成新能 2019 年 1 月 17 日

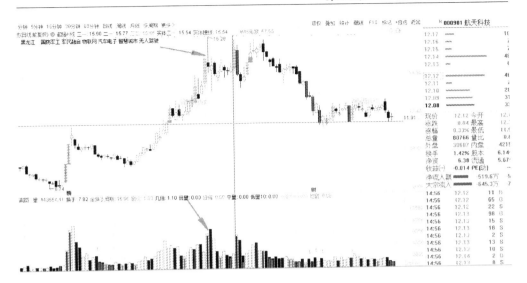

图 6 – 7 航天科技 2019 年 3 月 13 日

第二节 右侧绿林军

右侧绿林军往往出现在一只股票右侧下跌的过程中。它最大的特点是会收出比较长的上影线以及比较长的阴线实体。而且，该上影线的最高点比较高，将会上碰到之前的高部的最高点附近，有时候还会创出新的最高点。会出现一根看上去创出或接近最高点的 K 线，但实际上收盘下跌的阴线。这样的 K 线，往往是由主力故意制造冲高回落造成的，使散户在冲动中追高买入，主力趁机散发筹码，结果收盘下跌，之后仍将继续下跌。

天宝食品 2019 年 4 月 25 日走势如图 6 – 8 所示。

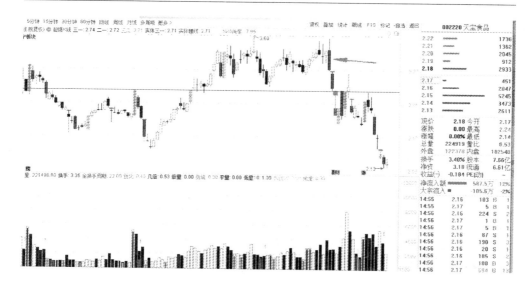

图 6-8　天宝食品 2019 年 4 月 25 日

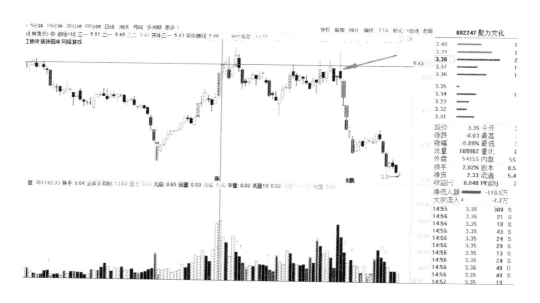

图 6-9　聚力文化 2019 年 4 月 25 日

该股在右侧同样收出长上影线，高点接近之前的盘整区最高点，但收盘下跌，之后连续暴跌。

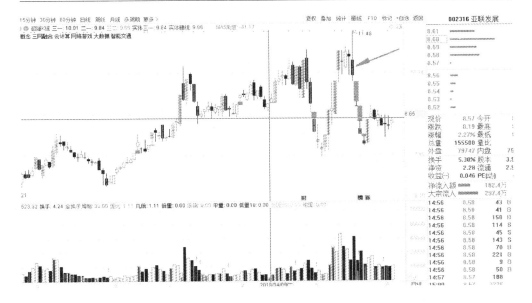

图 6-10　亚联发展 2019 年 5 月 21 日

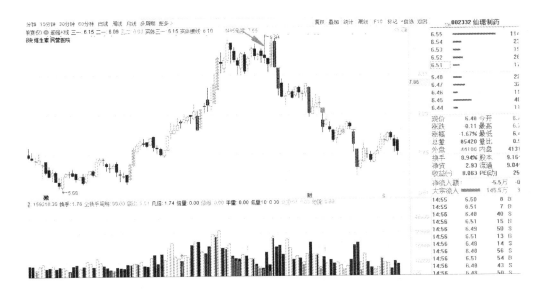

图 6-11　仙琚制药 2019 年 4 月 8 日

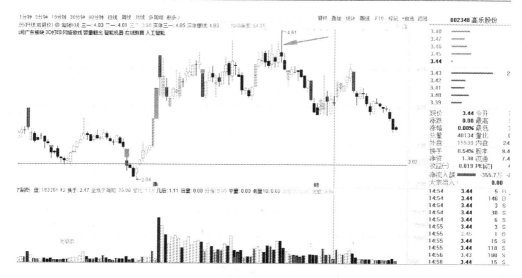

图 6-12　高乐股份 2019 年 4 月 12 日

第三节　绿帽将军

绿帽将军是股票上涨之后的一个重要的见顶 K 线，股票在高开后下跌，并且产生了真实的下跌幅度，收盘的时候涨幅是负的，真实性地下跌，由此形成一根从上到下的较长的阴线。我们称它像戴绿帽一样，形成了绿帽将军。

一、主力的见顶或阶段性见顶特点

一般都是在大阳或涨停板后高开吸引散户后下杀，成交量上体现为大量暴量。

二、绿帽大将军与绿帽小将军

（一）绿帽大将军

1. 注意三个条件应同时具备

（1）高开低走（1.5% 以上）；

（2）放量暴量（高于昨日）；

（3）收盘价格过前一天大阳线的二一位，即该 K 线的中间位置。

2. 形成情况

（1）穿头破脚，收盘将前一根 K 线上下击穿，将形成高点。

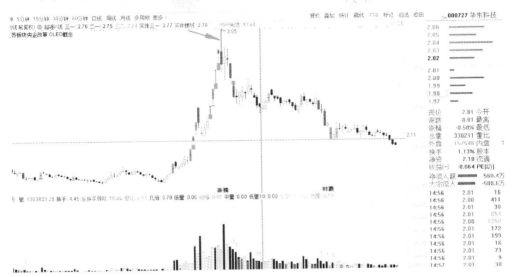

图 6－13　华东科技 2019 年 3 月 8 日

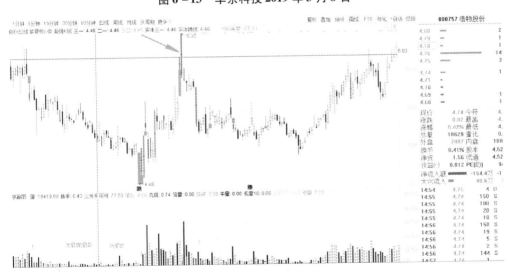

图 6－14　浩物股份 2018 年 11 月 15 日

（2）收盘过二一，形成相当长时期内的阶段高点。

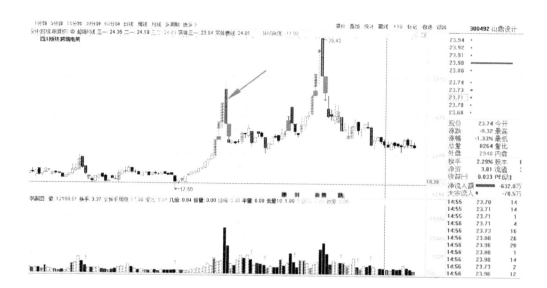

图 6-15　山鼎设计 2019 年 2 月 26 日

图 6-16　览海投资 2018 年 11 月 14 日

图 6 – 17 佳创视讯 2018 年 11 月 29 日

图 6 – 18 佳沃股份 2019 年 1 月 28 日

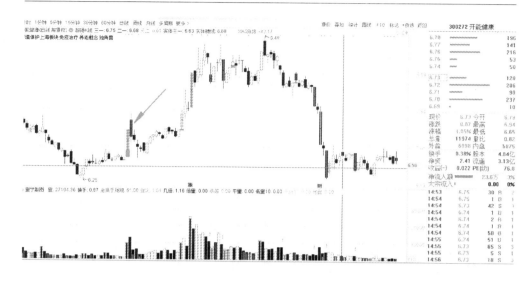

图 6－19　开能健康 2019 年 1 月 25 日

（二）绿帽小将军

高开低走，放量，当日盘中未过或稍微触碰二一位——一般会进行短期调整。

图 6－20　宜安科技 2019 年 2 月 14 日

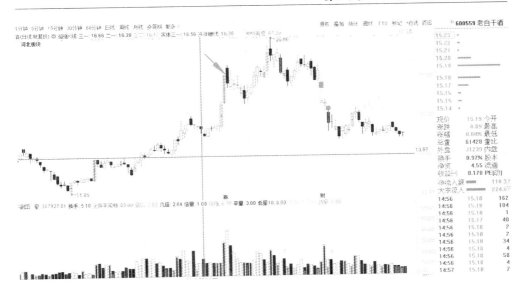

图 6 - 21 老白干酒 2019 年 3 月 19 日

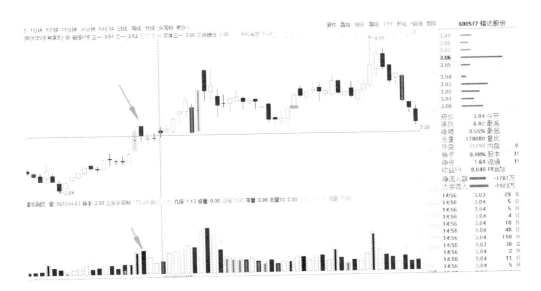

图 6 - 22 精达股份 2019 年 2 月 26 日

第七章　股市长胜不败的奥秘

股市实战交易要领：

（1）敬畏市场，任何情况下，操作都要留有余地，能攻还需擅守。

（2）买入很重要，必须要像挑对象一样精挑细选。

（3）卖出要及时，见危险信号要如兔子般见风就逃，宁可卖错不要套牢。

（4）要从散户思维转换为主力思维。

（5）细节决定成败，量能异动通过细节抓住主力异动，要想在股市里稳定盈利，应认真学好每个细节内容。

在股市中想要实现长期盈利，关键的要领在哪里？在股市里，很多朋友注重如何买入，只注重如何抓涨停板，如何去抓题材板块，抓热点板块。但实际上，在股市里，我们需要对市场永远保留一颗敬畏的心，在任何情况下，操作都应该留有一定余地。也就是说，永远不要重仓满仓，只买一两只个股。这样的话，会给你带来很大的风险。可能某次你追涨重仓赌成功了，获得了惊人的收益。只要你多做几次，你就必定会碰到失败的一次，只要一次，可能就会让你前功尽弃。股市里一直有个理念，也就是说，股市里面的钱是赚不完的，但钱是可以亏完的。所以，我们在股市里不但要学会如何进攻，更重要的是要学会如何进行防守。在一段行情过程中，当行情好的时候，我们可以进行积极的进攻。挑选进攻性强的股票，选择强势股、当前龙头股，这样的话在短时间内可获得较大的盈利。但我们还要保持冷静的头脑，当行情已经接近尾声时，这个时候就不能在那里恋恋不舍，羡慕个别个股的涨停，需要把自己的思维和思想逐渐地转向防守，逐渐地进行轻仓减仓的操作。哪怕在市场上还有不少仍然在上涨的股票，但在自己的战略上，应该收缩自己的战线。因为在市场的头部，突然性的回调或下跌，如果保持重仓连续进攻操作的话，你的思路还没有转换过来，很容易陷在原来的市场情绪里，不能及时地调整方向，操作上就不能及时地进行止损。尤其在重仓的情况下，投资者追求盈利的心理很难要求自己做止损。为什么市场一轮牛市下来，最后很多人不是赚到钱，而是被套，进入了漫漫的熊市？并不是因为大家傻，也不是因为大家都不懂得这个道理，就是因为在情绪上、心理上没有做好提前量，没有注重防守的概念。市场里，不缺乏能够进攻的明星，但明星往往会变成流星，在市场里要长期稳定地盈利，应该对市场的从强到弱、从盛到衰有预防措施，提前从技术上到心理上再到仓位上做好准备。这样的话，当市场最后发生突然性的下跌时，不会因自己没有应变措施而慌乱，也能够及时地调动方向，从而在市场实现长期盈利。

只有当一轮牛熊都过去了之后，别人可能套牢，但如果你擅长防守就会发现，你不但没有被套住，甚至在这个过程中，你还保住了自己的盈利，甚至可能一些轻仓抓住一些机会做了一些小的操作。这样，你的成果是扩大的，不断地积累，不断地进步。

另外，买入很重要，在买入前必须像挑对象一样去精挑细选。有些投资者在买的路上其实很随意。往往是听别人说，然后就买进去了，实际上，对这只股票没有进行认真的技术分析。买进去之后，发生下跌，然后还要到处去问该怎么办。常言说，会买的是徒弟，会卖是师父。但实际上，买入首先是重要的基石，如果你买入的股票是错的，买入之后连续下跌，再厉害也没有用。所以，在买之前一定要认真地分析，这只股票确实存在上涨的潜力，你在买的时候已经预设了你的止损点。这样才能够进行有效的操作。功夫要做在前面，而不是做在后面。买入，我们认为在操作当中最重要的事情是在买入之前，一定要精挑细选。

卖出要及时。看到危险信号，要像兔子一样见风就逃，宁可卖错也不被套牢。买入是徒弟卖出是师父，为什么？不是因为卖出很重要，而是因为卖出的难度很高。卖出的难度其实要远远高于买入的难度，为什么？因为主力要制造头部主力，想再高点出货，当他把筹码抛给散户的时候，它会运用各种的技术，把这个头部做得很漂亮，把K线图做得很漂亮，把这个市场情绪做得很好，让散户处在狂热的情绪中，在一片向好的情绪中，去买这只股票，去持有这只股票，而这时候是主力出货的时候。实际上，头部的制造最考验主力的技术。反过来讲，主力在制造投入时，技术往往是最为精妙，会让投资者很难判断，所以我们说卖出的难度最大。主力往往会充分地利用技术，利用投资心理学，让你看不出他是在做头部，等到你真看出时，股票可能已经大幅下跌，或者突然地暴跌，这时候想抽身就晚了。所以宁可卖错不要套牢，少赚一点没有关系，但一旦被套牢，你会痛苦很长时间。在股票里被套了10%之后，你可能就不想出了，再从10%变成20%、变成30%，甚至有的股票到最后就剩10%，原来是20多买的最低可能只有2元，不乏这样的股票，也不乏这样的操作。

散户的思维是什么？看到涨就高兴，看到跌就害怕，这是最简单的散户思维。而主力的思维是用下跌恐吓散户，用大跌逼迫散户交出筹码，让大家觉得这只股票不行。这就是主力的思维。然后主力利用上涨诱惑散户买入。在大家都觉得股票要大涨了，就会拼命地买。

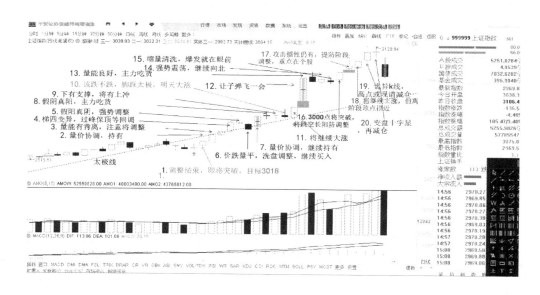

图 7 - 1　上证指数

如图 7 - 1 所示，我们会发现，在突破之前，因为市场上出现了很多公司的业绩暴雷，所以散户对市场的行情非常不看好，整个市场是一片凄风冷雨。但恰恰在这个过程中，主力在不断地收集筹码，之后迅速地进行突破。在散户的犹犹豫豫当中，不断上行，直到主力拉出大阳线之后，出现了跳空的大阳线。这时候，散户才开始觉得需要介入股市，觉得行情要开始走好了。实际上，这时主力已经做了很长的一段行情，已经获利非常丰厚了。这时，市场行情看起来很火热，散户开始买进来了，觉得这个股票在涨，那个股票大涨。其实主力已经阶段性撤退了。散户和主力的操作往往相反，这就是思维的误区。

　　细节决定成败。比如，通过高量柱左右互搏的技术，大家会发现，在这些技术里有很多细节。要想在股市里稳定盈利，一定要认真学好每个细节。在股市里，要想战胜主力，不被主力套牢，也不被主力割肉，则不能只是简单地看一下。如果操作这么简单，那么市场里应该是90%的人都能盈利。但实际上显然不是。那为什么？我们大家都知道，细节决定成败，成败在哪里？功夫就在细微之处。所以，在实战过程中，大家应学会从量能、量价、量形三个方面去捕捉细节，捕捉主力的真实意图，这样的话才能够实现长期、稳定的盈利。